WIE MAN AUFHÖRT, ZU VIEL ZU DENKEN

Ein Leitfaden zur Bewältigung negativer Denkmuster. Praktische Techniken und kleine Anleitungen, um Ängste abzubauen, exzessives Denken zu beseitigen und geistigen Frieden zu erlangen.

George Cure

© **Copyright 2021 by George Cure - Alle Rechte vorbehalten.**

Der Inhalt dieses Buches darf ohne schriftliche Genehmigung direkt vom Autor oder Herausgeber nicht reproduziert, vervielfältigt oder übertragen werden.

Unter keinen Umständen kann der Herausgeber oder der Autor für Schäden, Entschädigungen oder finanzielle Verluste, die direkt oder indirekt auf die in diesem Buch enthaltenen Informationen zurückzuführen sind, haftbar gemacht werden.

Rechtlicher Hinweis:

Dieses Buch ist urheberrechtlich geschützt. Dieses Buch ist nur für den persönlichen Gebrauch bestimmt. Ohne die schriftliche Zustimmung des Autors oder des Herausgebers dürfen Sie keine Teile des Inhalts oder den Inhalt selbst in diesem Buch verändern, verteilen, verkaufen, verwenden, zitieren oder paraphrasieren.

Haftungsausschluss:

Bitte beachten Sie, dass die in diesem Dokument enthaltenen Informationen nur zu Bildungs- und Unterhaltungszwecken dienen. Es wurden alle Anstrengungen unternommen, um genaue, aktuelle, zuverlässige und vollständige Informationen zu präsentieren. Es wird keine Garantie jeglicher Art erklärt oder impliziert. Die Leser nehmen zur Kenntnis, dass der Autor keine Verpflichtung eingeht, rechtliche, finanzielle, medizinische oder professionelle Beratung in einer offiziellen, institutionell anerkannten Weise zu leisten. Bitte konsultieren Sie einen zugelassenen Fachmann, bevor Sie die in diesem Buch beschriebenen Verfahren ausprobieren.

Mit der Lektüre dieses Dokuments erklären sich die Leser damit einverstanden, dass der Autor unter keinen Umständen für direkte oder indirekte Verluste haftet, die sich aus der Verwendung der hierin enthaltenen Informationen ergeben, einschließlich, aber nicht beschränkt auf Fehler, Auslassungen oder Ungenauigkeiten.

INDEX

KAPITEL 1 EINLEITUNG 5

WIR HANDELN NICHT IMMER NACH UNSEREN GEDANKEN 7

INNERES UNGLEICHGEWICHT KÖNNTE EINE URSACHE SEIN 8

DIE GEDANKEN ÄNDERN SICH MIT DEM ALTER UND DER UMGEBUNG 8

KAPITEL 2 WENN DER VERSTAND ZU EINEM KÄFIG WIRD 11

WAS IST ÜBERDENKEN? 12

WARUM NEIGEN WIR ZUM GRÜBELN? 13

DIE URSACHEN DES ÜBERDENKENS 14

DER GEGENWÄRTIGE MOMENT 16

DER NÄCHTLICHE ALBTRAUM 21

KAPITEL 3 WIE SIE AUFHÖREN, ZU VIEL ZU DENKEN 27

METAKOGNITIVE STRATEGIE ZUR BERUHIGUNG DES GEISTES 30

EFFEKTIVE KONZENTRATIONSÜBUNGEN 36

WICHTIGSTE PUNKTE - WIE SIE AUFHÖREN, ZU VIEL NACHZUDENKEN ... 38

KAPITEL 4 FLÜCHTEN SIE NICHT VOR DER ANGST 42

ATEMTECHNIKEN ZUM ABBAU VON ANGST UND STRESS 46

WIE 'NORMALE' ATMUNG ZU ANGSTZUSTÄNDEN BEITRAGEN KANN 54

DIE BESTE STRATEGIE ZUR BESEITIGUNG VON NEGATIVITÄT IN IHREM LEBEN 56

KAPITEL 5 KOGNITIVE UMSTRUCKTURIERUNG 65

    WAS IST KOGNITIVE UMSTRUKTURIERUNG? 66

    WARUM IST DAS SO EFFEKTIV? 68

    SCHRITT-FÜR-SCHRITT-STRATEGIE DER KOGNITIVEN
    UMSTRUKTURIERUNG 70

    HÄUFIGE HINDERNISSE BEI DER KOGNITIVEN UMSTRUKTURIERUNG 75

    DIE INNERE LANDKARTE DER REALITÄT 79

KAPITEL 6 DIE ROLLE DES UNBEWUSSTEN 84

    WAS IST DER UNBEWUSSTE VERSTAND? 86

    WIE MAN DAS UNTERBEWUSSTSEIN FÜR DAUERHAFTE VERÄNDERUNGEN
    UMPROGRAMMIERT 87

    WARUM IHR SELBSTBILD WICHTIG IST 88

FAZIT 94

KAPITEL 1
EINLEITUNG

Es klingt im Kopf wie ein monolithischer Satz - 'Du bist, was Du denkst' - wer von Ihnen hat diesen Satz nicht mindestens einmal im Leben gehört? Leider haben einige daran geglaubt und sich davon in ihrer Gelassenheit stark beeinflussen lassen. Wenn Sie zu dieser Gruppe gehören, dann kann das Buch, das Sie in den Händen halten, buchstäblich Ihr Leben verändern. Aber lassen Sie uns langsam anfangen. Die Wahrheit ist, dass wir nichts mit unseren Gedanken zu tun haben.

Liebe Leserin, lieber Leser, die Informationen auf den Seiten dieses Handbuchs werden Sie nicht nur davon abhalten, sich ständig Sorgen zu machen, sondern Ihnen auch dabei helfen, die Probleme zu lösen, die Sie im Umgang mit Ihren Gedanken haben. Durch einen entzaubernden und pragmatischen Ansatz erhalten Sie praktische Werkzeuge, Techniken und wissenschaftlich untermauerte "*Best Practices*", mit denen Sie Ihre Beziehung zu Ihren Gedanken drastisch verbessern und ein friedlicheres Leben führen können. Ich verspreche Ihnen, dass dieses Buch Sie konkret und effektiv dabei unterstützen wird, Ihre Lebensqualität zu verbessern.

Um das Versprechen, das ich Ihnen soeben gegeben habe, einzuhalten, möchte ich Sie warnen, dass wir im Laufe der Lektüre auf falschen Überzeugungen, nutzlosen Konventionen und dysfunktionalen Ansätzen stoßen könnten, die unbewusst Ihre derzeitige Situation bestimmt haben. *Und in diesem Sinne möchte ich den Satz ansprechen, mit dem dieses Buch eingeleitet wurde, lassen Sie ihn uns näher analysieren...*

Der bekannte österreichische Neurologe Sigmund Freud, berühmt für seine klinischen Methoden, entwickelte die Idee, dass das menschliche Verhalten mit dem Unbewussten zusammenhängt. Die Logik hinter diesem Konzept war tiefer als wir denken. Er erklärte, dass bewusst zu sein bedeutet, dass wir uns unserer Umgebung und unserer inneren Welt bewusst sind. Das bedeutet, dass Sie wissen müssen, was in Ihrem Kopf vor sich geht. Andererseits bezieht sich das Unterbewusstsein auf Vorgänge in Ihrem Gehirn, derer Sie sich nicht bewusst sind. Freud schlug daher vor, dass wir dazu neigen, unerwünschte Gedanken und schmerzhafte Erinnerungen im Unterbewusstsein zu ertränken, um uns nicht mit ihnen auseinandersetzen zu müssen. Der Neurologe schloss seine These mit dem Argument, dass verdrängte Gedanken und Erinnerungen durch unsere Handlungen und unser Verhalten zum Ausdruck gebracht werden, weshalb ein großer Teil unserer Identität aus unseren Gedanken besteht. *Aber was bedeutet das genau?*

Genauer gesagt, impliziert die Theorie, dass unsere physischen Handlungen eine Repräsentation unserer geistigen Aktivitäten sind und vice versa. Was wiederum bedeutet, dass die Gedanken, die das Unterbewusstsein durchlaufen, das Verhalten vorhersagen und somit ein mehr oder weniger genaues Bild von der Art der Person zeichnen, die Sie sind. Außerdem behauptet die These, dass Gedanken Schwingungen übertragen, die dieselbe Art von Energie anziehen. Nehmen Sie eine triviale Analogie und stellen sich vor, Sie wären ein Leuchtturm, der die gleiche Energie, die er ausstrahlt, dazu einlädt, Ihr Leben zu durchdringen. *Aber wie viel davon ist wahr?*

Obwohl diese Theorie durch logische Gründe gestützt wird, die sie recht glaubwürdig machen, ist sie in Wirklichkeit nicht so wahr, wie die Leute denken. Psychologen, Psychiater und andere neurologische Experten haben diese Vorstellung weitgehend widerlegt. Viele von ihnen sind überzeugt, dass wir nicht unsere Gedanken sind. Gedanken sind nichts anderes als Reflexionen des Geistes. Genauso wie Wahrnehmungen, Gefühle und Ideen. Aus der Sicht derjenigen, die dies zu ihrem Lebensinhalt gemacht haben, sind Gedanken nichts weiter als vorbeiziehende Wolken, und es gibt wirklich nichts, was Sie persönlich nehmen könnten. Lassen Sie sie passieren. Das ist alles, was Sie machen müssen.

Um die Unrichtigkeit dieser These zu beweisen, sind im Folgenden nur einige der wichtigsten Gründe aufgeführt, die Experten aus aller Welt zu ihrer Verteidigung angeführt haben. Dies sind wissenschaftlich belegte Meinungen und logisch belegte Fakten, die beweisen, dass das, was uns durch den Kopf geht, nicht unsere Identität ausmacht.

Wir handeln nicht immer nach unseren Gedanken

Als Menschen erleben wir jeden Tag Hunderte, wenn nicht Tausende von Gedanken. *Aber handeln wir immer auf der Grundlage jedes einzelnen?* Nein, natürlich nicht. Stellen Sie sich vor, Sie sitzen in einem Restaurant, Ihr Magen knurrt und am Nachbartisch wird gerade ein dampfendes Fiorentina-Steak serviert. Ihnen läuft das Wasser im Mund zusammen, Ihr Bauch bereitet sich darauf vor, einen Bissen zunehmen, Sie sind wirklich versucht, in das Steak des Tischnachbarn zu beißen.... Aber tun Sie das? Nein, das tun Sie natürlich nicht (hoffe ich zumindest). Die US-amerikanische Psychotherapeutin Stacey Kuhl untermauert dies mit der Aussage, dass sie selbst den ganzen Tag über viele bizarre Gedanken hat. Ihrer Meinung nach messen die Menschen dem unaufhörlichen Summen des Verstandes viel zu viel Bedeutung bei. Wie zuvor erwähnt, es sind nur vorbeiziehende Wolken. Lassen Sie sie vorbeiziehen, ohne ihnen zu viel Bedeutung beizumessen, diese haben sie wirklich nicht verdient!

Inneres Ungleichgewicht könnte eine Ursache sein

Krankheiten wie Depressionen, Krebs, andere chronische Leiden oder traumatische Ereignisse wie Gehirnverletzungen und Gehirnerschütterungen können die Ursache für seltsame und ungewöhnliche Gedanken sein. Letztere sind einfach plötzliche Reflexe, die keine Entwicklungsphase durchlaufen haben, sie kommen buchstäblich aus dem Nichts! Selbst wenn es sich um klinische Probleme handelt, sind sie lediglich eine pathologische Reaktion auf die Krankheit und nicht Teil der Persönlichkeit. Sie definieren nicht, wer wir sind. Sie sind einfach die Reaktion des Körpers auf Stress und Krankheit.

Die Gedanken ändern sich mit dem Alter und der Umgebung

Ein achtjähriges Kind, das zur Schule geht, wird nicht die gleichen Gedanken haben wie ein erwachsener Mann, der in einem Büro arbeitet. Das bedeutet, dass sich der Geist entsprechend der körperlichen und geistigen Entwicklung ständig verändert. Daher ist es wahrscheinlicher, dass sich Ihre Gedanken im Laufe der Zeit verändern, auch wenn Ihr Unterbewusstsein nicht dieselben Entwicklungen durchmacht. Die verdrängten Gedanken und traumatischen Erinnerungen sind noch da, aber Sie entwickeln sich weiter. Wenn Sie Ihre Gedanken wären, wäre dies nicht möglich. Sie würden die gleiche Art von Mensch bleiben, der Sie in Ihrer

Kindheit waren und immer noch die gleichen Gedanken hegen. Was denken Sie also?

Nach seiner wörtlichen Definition ist ein Gedanke einfach eine Idee oder Meinung, die der Verstand erzeugt. Der Gedanke ist plötzlich und spontan; er hat keinen besonderen Ursprung. Wir können sagen, dass Gedanken nur Ihr Verstand sind, der zufällige Szenarien erschafft - daher sind sie nicht real. Sie sind nur eine Idee, die der Verstand Ihnen präsentiert, höchstwahrscheinlich aufgrund eines äußeren Reizes. Gedanken sind in dem Maße real, wie Sie sie als solche betrachten. Je mehr Aufmerksamkeit Sie einem Gedanken schenken, desto glaubwürdiger wird er. Je größer er wird, desto mehr wird er Sie beeinflussen. Wenn Sie zum Beispiel bei dem Gedanken verweilen, ein Eis zu essen, wird dieser Gedanke wahrscheinlich nur eine Sekunde anhalten und dann vergehen. Wenn Sie jedoch innehalten und über diesen Gedanken nachdenken, und zwar gründlich und lange, dann werden Sie als natürliche Folge ein Verlangen nach Eiscreme verspüren. Ganz einfach, nicht wahr?

Die Erkenntnis, dass Sie nicht Ihre Gedanken sind, ist entscheidend für ein friedliches und stressfreies Leben. Wenn Sie Ihren Gedanken zu viel Aufmerksamkeit schenken, kann dies zu einer Verschlimmerung Ihrer geistigen Zustände führen, die so stark werden, dass sie sich als körperliche Symptome manifestieren. Erhöhte Frustration kann auch zu potenziell irreversiblen Schäden führen. Je eher Sie erkennen, dass Ihre Gedanken kein Problem sind, desto eher werden Sie aufhören, sie ernst zu nehmen. Wenn Sie das tun, wird der Rest des Tages - und hoffentlich auch Ihres Lebens - viel friedlicher und gelassener sein. Konstante und hartnäckige Gedanken zu haben, ist völlig normal, jedoch bestimmen sie nicht, was tatsächlich passiert! Wenn Sie ebenfalls erkennen, dass Sie nicht Ihre Gedanken sind, entsteht eine natürliche Barriere zwischen den Reizen, die Sie empfangen, und der darauffolgenden mentalen Reaktion. Es wird Ihnen leichter fallen, mit negativen Gedanken und illusorischen Sorgen umzugehen. Sie werden in der Lage sein, das Grübeln angemessen zu steuern und negative Auswirkungen auf Ihr Wohlbefinden zu vermeiden.

Zusammenfassend kann gesagt werden, dass Sigmund Freud zwar eine Idee hatte, die von der Logik gestützt wurde, dass dieses Konzept aber in den letzten Jahren von Experten auf der ganzen Welt bestritten wurde. Wenn Sie dieses Konzept also für wahr halten, sollten Sie Ihre Vorstellungen davon überdenken. Ich hoffe, dass die Informationen, Tipps und Übungen in diesem Handbuch Ihnen helfen werden, sich dessen bewusst zu werden. An dieser Stelle bleibt mir nur noch, Ihnen eine "Bon Voyage" durch die folgenden Seiten zu wünschen und, um es mit den Worten des Schriftstellers und Journalisten Romano Battaglia zu sagen: *"Gedanken sind wie die Wellen des Meeres, sie kommen, sie gehen, sie plätschern, sie schäumen, sie brechen, sie verschwinden."*

Viel Spaß beim Lesen,

George Cure

KAPITEL 2
WENN DER VERSTAND ZU EINEM KÄFIG WIRD

Jeder macht sich von Zeit zu Zeit Sorgen - *aber wann wird aus bloßer Sorge Überdenken?* Überdenken ist genau das, was der Name bereits verrät: zu viel denken. Es bedeutet, denselben Gedanken immer und immer wieder zu überdenken und selbst die einfachsten Situationen so zu analysieren, dass man den Sinn für das Ganze verliert. Der überdenkende Verstand kann diese Gedanken nicht in entschlossenes Handeln umsetzen und reagiert daher mit Gefühlen von Stress und Unruhe. Heutzutage werden die verschiedenen Deklinationen von' Überdenken' oft oberflächlich verwendet (etwa in Posts in den sozialen Medien: *'Ich kann nicht aufhören, darüber nachzudenken, welche dieser Kleidungsstücke*

ich kaufen soll, was empfiehlst Du?'). Wie Sie vielleicht schon vermutet haben, hat das Überdenken nichts damit zu tun. Für jemanden, der 'in seinem Geist' in einem Zustand ständiger Angst und Aufregung lebt, ist das wirklich nichts Einfaches oder Oberflächliches. *Was also unterscheidet exzessives Denken vom bloßen Denken?* Im nächsten Abschnitt werden wir Ihnen dies genau erklären.

Was ist Überdenken?

Es kann jedem passieren, dass er mehr als nötig bei einem Gedanken verweilt. Als Eltern, Ehemänner oder Ehefrauen, Söhne oder Töchter, Angestellte oder Geschäftsleute ist die Sorge natürlich mit dem Wunsch verbunden, "*gut zu sein*". Menschen, die täglich mit übermäßigem Grübeln zu kämpfen haben - sogenannte "*Grübler*" - denken jedoch ständig an Ereignisse zurück, die bereits geschehen sind, und fürchten sich vor Prognosen. Normalerweise geht es bei einfachen Sorgen um Dinge wie: *Werde ich meine Rechnungen rechtzeitig bezahlen können? Werde ich es schaffen, meine Arbeit übermorgen bei meinem Chef abzugeben?* Oft helfen uns diese Gedanken, voranzukommen, denn sie bedeuten, dass wir uns um sie kümmern müssen (*aktiver Ansatz*). Sobald die Rechnungen bezahlt oder der Job erledigt ist, sollte dieser Gedanke keinen Platz mehr im Kopf finden. Der Grübler neigt im Gegensatz dazu, eher passiv als aktiv zu sein, sich mit vergangenen Ereignissen zu beschäftigen und unverhältnismäßig negative Zukunftsaussichten zu entwickeln. Nehmen wir etwa dieses Szenario: *Sie sprechen Ihren neuen Chef versehentlich mit dem falschen Namen an. Was denken und fühlen Sie, wenn Sie dies später erkennen?*

Im Durchschnitt fühlt sich eine Person etwas peinlich berührt, plant, sich am nächsten Tag mit einer selbstironischen Bemerkung zu entschuldigen, die Sache zu vergessen und das Abendessen vorzubereiten. Umgekehrt wird der Grübler diesen Fehler im Geiste immer und immer wieder durchgehen, was jedes Mal zu einem anderen Ergebnis führt. Um vier Uhr morgens durchlebt der arme Überdenker im Geiste tragische Szenarien, in denen er sich für zukünftige Beförderungen übergangen fühlt oder sogar für die nächste Stellenstreichung ausgewählt wird. Der Vorfall hat große Fragen in seinem Kopf ausgelöst und er wird das ganze Ereignis geistlich unverhältnismäßig oft durchleben. Das obige Beispiel mag trivial erscheinen, aber es ist ein klares Beispiel dafür, wie übermäßiges Denken viele Aspekte des Lebens beherrschen kann. Das Grübeln über ein vergangenes Ereignis und die daraus resultierenden katastrophalen Vorhersagen sind ein klassisches Beispiel für Überdenker.

Warum neigen wir zum Grübeln?

Wie viele Merkmale von Angstzuständen und Depressionen entspringt das Überdenken einem unserer Urinstinkte zur Selbsterhaltung. Der Verstand ist nämlich so konzipiert, dass er die Dinge immer aus der schlimmstmöglichen Perspektive betrachtet. Um zu verstehen, warum das so ist, müssen wir einen Sprung in die Vergangenheit machen und die Lebensumstände der primitiven Menschen analysieren. Stellen Sie sich vor, Sie sind einer der ersten Homo sapiens und stoßen auf eine Höhle. Was scheinbar alle Eigenschaften hat, um Ihr nächster Zufluchtsort zu sein, kann jedoch auch eine enorme Bedrohung verbergen, wie etwa einen Säbelzahntiger. Es ist verständlich, dass die Gedanken, die Ihr Verstand in diesem Fall auslöste, darauf abzielten, die Möglichkeit zu vermeiden, von der Mammutkatze zerfleischt zu werden. Dieser Instinkt ist seither mehr oder weniger unverändert geblieben. Was vom Standpunkt des technologischen Fortschritts aus gesehen eine immense Zeitspanne ist, ist vom biologischen Standpunkt aus gesehen gerade genug Zeit, um kleine Anpassungen am System vorzunehmen. Deswegen ist unser Gehirn übermäßig wachsam. Sein Ziel ist es, uns um jeden Preis am Leben zu erhalten - *schließlich hat es keinen Sinn, optimistisch zu sein, wenn Säbelzahntiger in Gefahr sind!*

Um wieder auf das oben genannte Beispiel zurückzukommen, wird der rationale Teil unseres Gehirns sagen, dass man wegen einer solchen Lappalie nicht seinen Job verlieren kann. Wer jedoch zum übermäßigen Grübeln tendiert, wird auf diesen Reiz mit dem emotionalen Verstand reagieren - einem primitiven *Kampf-oder-Flucht-Modus*, bei dem der Fokus auf die schlimmsten Szenarien uns eher am Leben hält. Extremes Überdenken und Angst wirken zusammen und verschlimmern Gefühle von Stress und Hilflosigkeit.

Die Ursachen des Überdenkens

Von Kindheit an wird uns gesagt, dass *'zu viel einfach zu viel'* ist. Das Gleiche gilt für die Gedanken, und zwar mit größerer Intensität. Diejenigen, die unter übermäßigem Denken leiden, bemerken oft nicht, dass sie in einen negativen mentalen Raum abgerutscht sind, bis die Situation ausartet. Aber um die Folgen zu verstehen (und zu überwinden), müssen wir zunächst die Ursachen analysieren. Die Frage, die dieser Abschnitt beantworten soll, lautet daher: *Was sind die Ursachen für übermäßiges Denken?* Wenn Ihre Gedanken Sie ebenfalls immer öfter kontrollieren, fällt es Ihnen leicht nachzuvollziehen, wie das Fortschreiten des Überdenkens dazu führt, dass Sie sich niedergeschlagen und erschöpft fühlen, und dass all das "*Überdenken von Ideen*" eine absolute Energieverschwendung ist.

Die beiden Hauptursachen für übermäßiges Nachdenken sind Stress und Angst. Außerdem können Probleme mit dem Selbstwertgefühl und Selbstzweifel als weitere wichtige Ursachen für diesen Zustand angesehen werden. Angesichts der Pandemie-Situation sind sozialer Rückzug und ständige Einschränkungen eine Quelle von Sorge und Stress, beides natürliche Reaktionen auf Angst. In der Situation, in der wir uns befinden, ist es normal, Angst und Unsicherheit über die Zukunft zu haben - Krankheiten, Infektionen und Finanzen gehören zu den häufigsten Sorgen. Es sind Situationen wie diese, die uns auf direktem Wege zum Überdenken führen.

Ein Trauma ist ein weiterer Faktor, der übermäßige Gedanken verursachen kann. Menschen, die ein Trauma erlebt haben, sind anfälliger für diesen Zustand. So kann unter anderem elterliche Vernachlässigung das Denksystem eines Menschen verändern und ihn in einen ständigen Zustand der Hyperwachsamkeit versetzen. Daher können Menschen mit einem Trauma unter solchen Bedingungen zwanghafte Gedanken entwickeln.

Diejenigen, die perfektionistische Werte pflegen oder zwanghafte, kontrollsüchtige Tendenzen haben, können sich auch dabei ertappen, dass sie übermäßig viel nachdenken und über ihre vergangenen Fehler oder solche, die sie machen könnten, grübeln. Insbesondere neigen diese Persönlichkeitstypen dazu, sich übermäßig viele Gedanken über die Urteile anderer zu machen. Die Angst vor einer Verurteilung ist also eine weitere mögliche Ursache für übermäßiges Denken.

All diese Ursachen - so unterschiedlich sie auch sein mögen - haben einen kleinsten gemeinsamen Nenner: Die Freude im gegenwärtigen Moment verloren zu haben. Was sich wie die Einleitung zu einer Tirade eines orientalischen Gurus anhören mag, birgt in Wirklichkeit eine tiefe Wahrheit. Im nächsten Abschnitt werden wir die Bedeutung des "Lebens im gegenwärtigen Moment" auf praktische und konkrete Weise erkunden und Ihnen wertvolle Einsichten und neue Perspektiven bieten, um Ihren Fokus neu zu kalibrieren und ein erhöhtes geistiges und körperliches Wohlbefinden zu genießen.

Der gegenwärtige Moment

Wie viel Zeit Ihres Lebens verbringen Sie im gegenwärtigen Moment? Wie viel Zeit verbringen Sie damit, zu träumen, über die Vergangenheit zu grübeln oder sich Sorgen über die Zukunft zu machen? Wie viel von Ihrem Leben verpassen Sie, wenn Sie sich dem Fluss Ihrer Gedanken hingeben?

In seinem Buch "*Die Kraft der Gegenwart* " erklärt der Autor Eckhart Tolle, dass wir lernen, in der Gegenwart zu leben, und uns dadurch von Schmerz befreien, indem wir uns mit der unendlichen Ruhe unserer "essenziellen Existenz" verbinden. Der berühmte deutsche Schriftsteller und Redner führt menschliches Leid - *Depressionen, Ängste, Schuldgefühle, Sorgen, Furcht und vieles mehr* - auf die Tendenz zurück, in unseren Gedanken zu leben, anstatt in der Gegenwart. Wenn Sie sich die Zeit nehmen, Ihre Gedanken genauer zu untersuchen, werden Sie feststellen, dass sie sich regelmäßig auf die Vergangenheit oder die Zukunft beziehen und nur selten auf die Gegenwart gerichtet sind.

Tolle behauptet, dass die Zeit oder die *'psychologische Zeit'* nichts anderes als ein Komplex des menschlichen Geistes ist. Mit anderen Worten: Die Zukunft - *sei es die Arbeit am Montag oder der Strandurlaub in vierzehn Tagen* - existiert nur in unseren Köpfen. In ähnlicher Weise ist die Vergangenheit einfach eine Sammlung von Erinnerungen, die unweigerlich durch unser damaliges 'Ich' bedingt sind. Das Einzige, was wirklich existiert, ist die

Gegenwart. Indem wir immer an die Vergangenheit oder die Zukunft denken, ignorieren wir das Jetzt oder 'widersetzten' uns ihm. Im Grunde genommen verleugnen wir die Realität und fügen uns damit selbst großen Schmerz zu.

Die Vergangenheit erzeugt Schmerz

Tolle erklärt, dass zu häufiges Grübeln über die Vergangenheit zu Depressionen, Schuldgefühlen und Selbstverachtung führt. Im Folgenden finden Sie Beispiele für vergangenheitsorientierte Gedanken, die Schmerzen verursachen können:

"Ich hätte sie um ein Date bitten sollen! Ich bin einfach ein Feigling... Ich werde nie meinen Seelenverwandten finden!".

"Ich hätte diesen Wutausbruch nicht vor meinem Chef haben sollen. Jetzt werde ich in meinem Job nie weiterkommen."

"Ich wünschte, ich hätte dieses Stück Kuchen nie gegessen. Ich fühle mich fett und undiszipliniert."

Selbst wenn Sie an glückliche Erinnerungen zurückdenken, können Sie traurig sein, dass diese Zeit vorbei ist, was zu Gefühlen von Leere, Verlust und allgemeiner Unzufriedenheit in der Gegenwart führen kann. Zum Beispiel:

"In der Realschule fühlte ich mich so frei. Ich hatte eine Million Freunde, keine Falten und unbegrenzte Energie. Ich glaube nicht, dass ich mich jemals wieder so fühlen werde. Mein Leben ist vorbei".

Die Zukunft schmiedet Ängste

Auf der anderen Seite erklärt Tolle, dass regelmäßiges Nachdenken über die Zukunft Sorgen und Ängste verursacht. Zum Beispiel:

"Ich muss einkaufen gehen, den Arzt anrufen, drei Berichte bei der Arbeit fertigstellen und einen Haufen Rechnungen bezahlen, die ich mir nicht leisten kann!"

An einem Sonntagnachmittag, anstatt Ihren Spaziergang im Freien zu genießen, könnten Sie sich dabei ertappen, wie Sie darüber nachdenken: *"Oh mein Gott, ich muss morgen wieder zur Arbeit gehen! Das Wochenende ist so gut wie vorbei und der Stress ist zurück!"*

Sogar die Gewohnheit, an positive zukünftige Ereignisse zu denken, die anfangs vielleicht ein Gefühl der Aufregung hervorrufen, kann sich als Quelle der Unzufriedenheit mit dem gegenwärtigen Moment erweisen.

"Ich kann es kaum erwarten, bis mein Strandurlaub beginnt - warmer Sand, eiskalte Schorlen, freie Zeit.... Zu schade, dass ich bis dahin mit der Arbeit in der Kälte festsitze".

Als ob das nicht genug wäre, hindert Sie die Gewohnheit, in der Zukunft zu leben, auch daran, positive Ereignisse zu erleben und zu genießen, wenn sie endlich eintreffen. Der Grund ist einfach: *Sie werden immer auf etwas Größeres und Besseres warten.*

Wenn Sie am Strand sind, denken Sie vielleicht, anstatt die Sonne auf Ihrem Gesicht und den warmen Sand zwischen Ihren Zehen zu genießen, an den dringend benötigten Strandurlaub. *"Ich bin so hungrig! Ich kann es kaum erwarten, heute Abend Spaghetti mit Meeresfrüchten zu essen...noch drei Stunden!"*

Um es klar zu sagen: Wir sprechen hier nicht von einer Reflexion über ein zukünftiges Ereignis. Sparsam über die Zukunft nachzudenken ist insofern akzeptabel, als es Ihnen erlaubt, den nächsten Schritt im Leben zu planen. Unnötig zu erwähnen, dass nicht die Planung, sondern das ständige Grübeln über zukünftige Ereignisse das Unwohlsein verursacht.

Glücklicherweise gibt es einen Ausweg aus dem Schmerz, der durch übermäßiges Nachdenken verursacht wird. Wenn Sie den gegenwärtigen Augenblick annehmen, werden Sie sich von diesem Leiden befreien und endlich den Frieden Ihrer *'essenziellen Existenz'* genießen können - die Freude des gegenwärtigen Augenblicks. Leichter gesagt als getan, werden Sie denken - *wie leben Sie im gegenwärtigen Moment?*

Der einfachste Weg, in der Gegenwart zu leben, besteht darin, die Empfindungen in Ihrem Körper wahrzunehmen und darauf zu achten, wie sich die Welt um Sie herum entfaltet. Ich achte gerne auf meinen Atem, indem ich die Details meiner Umgebung beobachte - ich betrachte ohne Wertung die Farbe und Form der Wolken, spüre die Wärme der Sonne auf meinem Gesicht und konzentriere mich sanft auf die Auf- und Abwärtsbewegung meines Zwerchfells bei jedem Atemzug. Diese Technik wird *Achtsamkeit* genannt und später im Buch finden Sie einen Abschnitt darüber, wie Sie diese Kunst in Ihr Leben integrieren können. Die Besonderheit der *Achtsamkeit* liegt in ihrer Vielseitigkeit; sie kann während den verschiedensten Aktivitäten praktiziert werden:

Fahren - Konzentrieren Sie sich auf die taktilen Empfindungen, die Ihre Hände am Lenkrad und Ihr Fuß auf dem Gaspedal übermitteln, während Sie die Straße vor sich beobachten;

Hausarbeit – Nehmen Sie die Wärme von Wäsche, die gerade frisch aus dem Trockner kommt, die Vibrationen des Staubsaugers oder den Lavendelduft des Geschirrspülmittels vollkommen war;

Gehen Sie spazieren - Achten Sie auf die Qualität Ihrer Atmung, das Gefühl des Bodens unter Ihren Füßen, beobachten Sie die Sehenswürdigkeiten um Sie herum und lauschen Sie den Geräuschen der Vögel, dem Geplauder der Menschen und anderen Umgebungsgeräuschen.

Wann immer Sie feststellen, dass Ihre Gedanken unkontrolliert in die Vergangenheit reisen oder Sorgen über die Zukunft aufkommen lassen, lenken Sie Ihre Aufmerksamkeit sanft auf den gegenwärtigen Moment. Das Ergebnis wird ein angenehmes Gefühl der Ruhe und des Wohlbefindens sein, das alle Gedanken schnell vertreiben wird. Außerdem gibt uns Tolle einen Trick, um unnötigen psychologischen Zeitdruck zu vermeiden. Die Technik ist so einfach wie effektiv: Wenn Sie merken, dass Ihre Gedanken außer Kontrolle geraten sind, fragen Sie sich: "*Habe ich gerade ein Problem?*". Die Antwort wird fast immer 'Nein' lauten (*es sei denn, der Säbelzahntiger von vorhin ist hinter Ihnen her!*). Selbst wenn ich an meinem nächsten Arbeitstag eine Lösung finden muss, wie ich mit jedem meiner Kunden über die Probleme spreche, die sich aus der neuen elektronischen Alarmanlage des Unternehmens ergeben, während ich gleichzeitig die Fehler beheben muss, um zukünftige Unannehmlichkeiten zu vermeiden, habe ich *hier und jetzt* kein Problem. Im Moment sitze ich auf meiner Terrasse und genieße den ersten warmen Tag einer wolkenverhangenen Woche. Das Einzige, was ich zu tun habe, ist, Worte auf dieser Tastatur zu tippen - und mir nicht im Voraus Gedanken über eine Aufgabe zu machen, die ich erst morgen in Angriff nehmen muss. In der Vergangenheit hätte ich die zukünftige Aufgabe vielleicht als unüberwindbares 'Problem' betrachtet. Jetzt weiß ich, dass das Problem nur eine 'Lebenssituation' ist, und ich werde mich damit befassen, wenn es in meine Gegenwart eintritt. Denn im Moment muss ich meine Energie nur darauf verwenden, das Buch zu schreiben, das Sie in Ihren Händen halten. In diesem Moment - und in den nächsten Tausenden von 'Jetzt' - bin ich frei, im Frieden der Gegenwart zu leben. Wahrscheinlich wird mein Verstand mir noch ein paar Streiche spielen, wenn ich mich schlafen lege. Allerdings weiß ich jetzt, wie ich es kontrollieren kann. Vor langer Zeit jedoch, als das Grübeln eine Konstante in meinem Leben war, war die Nacht eine echte Qual. *Aber wie kommt das? Warum ist die Nacht die schlimmste Zeit für diejenigen, die zu viel denken?* Lassen Sie es uns gemeinsam herausfinden.

Der nächtliche Albtraum

Wenn Sie schon einmal versucht haben, sich in die Arme von Morpheus zu begeben, nur um plötzlich von Gedanken und Sorgen überfallen zu werden, sind Sie in guter Gesellschaft. Es scheint tatsächlich so zu sein, dass die Gehirnaktivität nachts exponentiell ansteigt. Leider gibt es keine wissenschaftlichen Studien, die dieses Thema eingehend untersuchen. Es ist jedoch eine weithin anerkannte Tatsache: *Wenn Sie unter übermäßigem Denken leiden, kann die Nacht ein echter Albtraum sein.*

Der Grund für dieses Phänomen ist, dass das Gehirn auch im Schlaf aktiv bleibt. Diese Gehirnaktivität ist der Grund, warum wir manchmal unsere Träume beeinflussen können und warum die letzten Gedanken vor dem Einschlafen Teil Ihrer Traumreise werden können. Sehr oft können jedoch dieselben Gedanken Sie daran hindern, sich ausreichend zu entspannen, um einzuschlafen; insbesondere, wenn diese Gedanken Stress, Angst oder Frustration auslösen.

Die nächtliche Welt bietet die ideale Umgebung zum Grübeln. Das Fehlen anderer Reize - *wie Licht, Lärm, Fernsehen und Telefon* - ermöglicht es dem Geist, all die Gedanken abzurufen, die wir während des Tages beiseitegeschoben haben. Dieses Phänomen scheint sich zu verstärken, wenn Sie versuchen, einzuschlafen, obwohl Sie eigentlich nicht müde genug sind. Der fehlende Wunsch des Gehirns nach Ruhe kann einen ununterbrochenen Gedankenfluss auslösen. Hier sind die am meisten akzeptierten Gründe für dieses Phänomen:

1. Gewohnheitsmäßiges Verhalten: *Haben Sie jemals vergessen, was Sie am Abend zuvor gegessen haben? Oder welches Hemd Sie getragen haben?* Wie können wir etwas vergessen, das wir erst am Vortag getan haben? Der Grund dafür ist, dass Aktivitäten wie das Essen oder das Wechseln der Kleidung Teil unserer Routine sind, Teil unseres gewohnten Verhaltens. Während wir eine Gewohnheit ausführen, denken wir nicht darüber nach. Die meisten von uns verbringen ihr Leben damit, jeden Tag die gleichen Handlungen zu wiederholen, d.h. die Zeit, in der wir unser Gehirn aktiv nutzen, ist viel geringer. Während der Nacht, wenn wir tatsächlich über unsere täglichen Aktivitäten nachdenken können, neigen wir dazu, zu viel nachzudenken.

2. Zeit allein: Die einzige Zeit, die wir nach einem langen Tag für uns haben, ist die Nacht. In der Wärme unserer Laken haben wir wie nie zuvor die Möglichkeit, über den Verlauf unseres Tages und, allgemeiner, unseres Lebens nachzudenken. Selten sind wir tagsüber allein, die meiste Zeit sind wir in soziale Kontexte eingebunden: Büroangestellte sind unter Kollegen, Lehrer sind von Schülern umgeben, Unternehmer jonglieren zwischen Terminen in einem vollen Terminkalender und so weiter. Nach einem langen Tag ist die einzige Zeit, die man für sich selbst hat, die Nacht, wo es keine Ablenkungen gibt.

3. Müdigkeit: Auch die Müdigkeit spielt eine wichtige Rolle dabei, wie Sie die Nacht verbringen. Es gibt Tage, an denen Sie außergewöhnlich müde sind und in dem Moment, in dem Sie sich ins Bett legen, einschlafen. Wenn Sie hingegen an einem anderen Tag nicht müde sind, neigen Sie dazu, zu viel nachzudenken.

Wenn wir also mit uns allein sind, ohne Ablenkungen, und über irgendetwas grübeln, kommen unsere "*inneren Dämonen*" zurück und besuchen uns. *Aber wie kann man den Wirbelsturm der nächtlichen Gedanken stoppen?* Die Antworten auf diese Frage beinhalten oft die Anwendung unwirksamer Techniken oder einfach nur ergebnisloses Gerede, das nur noch mehr Frustration zu einem echten Problem hinzufügt, das Sie gerade erleben. Das Internet ist voll von nutzlosen Ratschlägen zu diesem Thema. Deshalb habe ich beschlossen, mit Ihnen eine praktische und wirksame Strategie zu teilen, die Sie sofort anwenden können, um wieder eine angenehme Nachtruhe zu erlangen. Aber zunächst muss ich eine Vorbemerkung machen: Dies ist keine *Zauberpille*, es wird Sie einige Mühe kosten, aber das Ergebnis ist garantiert, Sie haben mein Wort. Alles, was ich an dieser Stelle noch zu tun habe, ist, Ihnen Schritt für Schritt zu erklären, worum es dabei geht:

SCHRITT #1: Üben Sie, sich zu einer anderen Zeit und an einem anderen Ort Sorgen zu machen.

Beginnen Sie damit, einen 10-Minuten-Timer zu stellen und alle Ihre Gedanken zu Papier zu bringen. Sie können eine To-do-Liste erstellen, Ihre Probleme oder Sorgen zu Papier bringen, über Ihre Traurigkeit oder Angst schreiben und so weiter. Das Ziel ist es, Ihren Geist von allen Gedanken zu befreien, auf die er ausgerichtet ist, wenn Ihr Kopf auf dem Kissen ruht. Das Wichtigste ist, dass Sie diese Aktivität nicht in Ihrem Schlafzimmer, sondern an einem völlig neutralen Ort durchführen. Auf diese Weise stellen Sie Ihren Geist darauf ein, sich zu einem anderen Zeitpunkt Sorgen zu machen. Sie gewöhnen sich daran, in der Nacht keine negativen Gedanken mehr zu haben.

SCHRITT #2: Organisieren Sie Ihre Sorgen.

Sobald Sie alle Ihre Gedanken zu Papier gebracht haben, versuchen Sie, sie in Kategorien zu sortieren und Maßnahmen zu ergreifen, um sie zu lösen. Schreiben Sie die Besorgungen, die Sie machen müssen, in einen Kalender, machen Sie eine strukturierte Liste Ihrer Ziele, erstellen Sie eine Agenda, um Ihre Aufgaben zu organisieren und so weiter. Das Ordnen Ihrer Gedanken wird Ihnen helfen, den nächsten Schritt zu machen.

SCHRITT #3: *Versuchen Sie eine Lösung eines Problems zu finden.*

Ermitteln Sie Probleme, Herausforderungen oder Bedenken, die immer wieder auftauchen. Nehmen Sie eine oder zwei der Herausforderungen auf Ihrer Liste und überlegen Sie sich einen Schritt, wie Sie dieses Problem lösen könnten. Es ist wichtig zu beachten, dass Sie nicht nach der ultimativen Lösung suchen, sondern lediglich einen ersten Schritt zur Erreichung Ihres Ziels definieren sollten. Stellen wir uns vor, Sie machen sich Gedanken über die Organisation der Kinderbetreuung für das nächste Schuljahr. Dies ist ein großes Problem, das es zu lösen gilt, und es wäre unmöglich, es zu vermeiden. Ein Beispiel für einen einzelnen Schritt zur Lösung des Problems wäre, Kinderbetreuungen in der Gegend anzurufen, um mehr über sie zu erfahren, in eine lokale Facebook-Gruppe zu schreiben, um zu erfahren, was andere Leute tun, oder ein früheres Kindermädchen anzurufen, um zu fragen, ob sie zum neuen Schuljahr in der Stadt sein wird. Mir ist klar, dass dies wirklich nur kleine Schritte sind, aber darum geht es ja. Sie versuchen, eine Lösung herbeizuführen, und mit diesem Ansatz ist das Problem oft schneller gelöst, als wir es uns vorgestellt haben. Wenn wir uns über etwas Sorgen machen, verbringen wir oft viel Zeit damit, das Problem zu gewichten, aber wir handeln nicht, um die Lösung zu finden. Das Ziel dieser Aktivität ist es, mit dem Handeln zu beginnen.

SCHRITT #4: Wählen Sie ein Mantra.

Wenn Sie abends ins Bett gehen, nachdem Sie all die oben genannten Aktivitäten durchgeführt haben, wird Ihr Geist trotz allem unweigerlich anfangen, Gedanken zu generieren, so wie er es normalerweise tut. Sie haben nicht versagt. Sie haben nichts falsch gemacht. Ihr Geist hat die Angewohnheit, sich Sorgen zu machen, wenn Sie ins Bett gehen. Sie sind gerade dabei, eine neue Gewohnheit zu entwickeln, und es wird einige Zeit dauern, bis sie sich herauskristallisiert.

Während sich Ihr Geist an diese neue Routine gewöhnt, ist es wichtig, dass Sie einen Plan für den Umgang mit nächtlichen Gedanken haben, die Sie daran hindern, ruhig zu schlafen. Dabei kann ein Mantra ein wirklich mächtiges Werkzeug sein. Es ist ein einziger Satz, den Sie immer dann wiederholen können, wenn Ihre Gedanken in der Angst umherschweifen oder Sie Gründe nennen, warum etwas nicht funktionieren wird. Denken Sie daran, dass Ihr Verstand nicht in Kategorien der Funktionalität, sondern des Überlebens denkt: Wenn die Gewohnheiten, die Sie bisher hatten, Sie am Leben gehalten haben, warum sollten Sie dann etwas ändern wollen? Ihr Verstand wird hart arbeiten, um sicherzustellen, dass Sie keinen Erfolg haben. In den folgenden Zeilen finden Sie einige Beispiele für Mantras, aber es ist wichtig, dass Sie Ihre eigenen formulieren.

"Ich muss nicht alle Antworten haben, Probleme werden Schritt für Schritt gelöst".

"Ich vergesse nichts. Ich nehme mir Zeit, um alle Besorgungen aufzuschreiben, die ich zu erledigen habe".

"Ich werde mich jetzt etwas ausruhen, morgen werde ich in der Lage sein, mich in aller Ruhe um alle Belange zu kümmern".

Wenn alles andere fehlschlägt, verlassen Sie das Bett.

Manchmal werden Sie sich trotz Ihrer Bemühungen eine Nacht lang Sorgen machen und übermäßig nachdenken. Wenn Sie eine schlaflose Nacht erleben, stehen Sie auf und schreiben Sie alles, was Ihnen durch den Kopf geht, auf ein Blatt Papier. Dieser Vorgang dauert in der Regel nicht länger als 10 Minuten und ermöglicht Ihnen, Anspannungen auf eine funktionelle und intelligente Weise zu lösen. Denn mit der Zeit werden Sie aufhören, das Bett mit Sorgen zu assoziieren, Sie werden klarer denken und möglicherweise handeln können, anstatt sich von einer Seite des Bettes zur anderen zu wälzen!

KAPITEL 3
WIE SIE AUFHÖREN, ZU VIEL ZU DENKEN

Wenn Sie übertrieben nachdenklich sind, wissen Sie genau, wie es funktioniert. Ein Problem taucht immer wieder auf - etwa ein gesundheitliches Problem oder eines bei der Arbeit - und Sie können nicht aufhören, sich damit zu beschäftigen, während Sie verzweifelt versuchen, einen Sinn oder eine Lösung zu finden. Die Gedanken drehen sich im Kreis, aber Lösungen kommen leider fast nie. Abgesehen von meiner eigenen Vergangenheit als Seriengrübler kenne ich viele Menschen, die auf der Suche nach Antworten, Bedeutungen oder dem Versuch, die richtige Entscheidung zu treffen, den größten Teil ihrer wachen Stunden damit verbringen, sich den Kopf zu zerbrechen, um eine Lösung zu finden. Ironischerweise kommen wir bei dem Versuch, herauszufinden, wie es im Leben weitergehen soll, alle zum Stillstand. Wenn wir zu viel Zeit damit verbringen, unsere Probleme und Dilemmas zu analysieren, geraten wir oft in größere Schwierigkeiten als zu Beginn. Weiterhin kann anhaltendes Überdenken eine Vielzahl von Symptomen wie Schlaflosigkeit, Konzentrationsprobleme und Energieverlust hervorrufen, was wiederum oft zu weiteren Sorgen über die eigenen Symptome führt und so einen Teufelskreis aus Überdenken und Leid schafft.

Wenn übermäßiges Denken und die damit verbundenen Symptome unerträglich werden, ist es normal, nach Möglichkeiten zu suchen, den Geist zu beruhigen und zur Gelassenheit zurückzukehren.

Viele der häufig angewandten Strategien scheinen vernünftig zu sein, aber die Forschung zeigt, dass viele von ihnen unbeabsichtigt mehr schaden, als nützen und im Allgemeinen nur zu mehr Gedanken führen. Vielleicht erkennen Sie einige davon in Ihrem Verhalten wieder:

Ständig auf der Suche nach Bedrohungen: Gegen diese Strategie ist nichts einzuwenden, wenn Sie das Gefühl haben, dadurch die Kontrolle zu erlangen, aber sie kann schnell nach hinten losgehen. Nehmen wir zum Beispiel gesundheitliche Bedenken. Wenn Sie als Strategie zur Entschärfung Ihrer Sorgen damit beginnen, sich selbst oder Ihre Lieben übermäßig auf reflexartige Anzeichen einer Krankheit zu untersuchen, wird dieser Dauerzustand der Wachsamkeit nur zu einem größeren Gefühl der Gefahr und führt zu mehr gesundheitlichen Sorgen. Ein anderes Beispiel ist, dass Sie ständig darauf achten, ob die Leute gut über Sie denken, indem Sie versuchen herauszufinden, was sie denken. Dieser Mechanismus führt ungewollt dazu, dass Sie distanzierter, unbeteiligter und zerstreuter sind und ihre Gesellschaft nicht genießen können.

Suche nach Antworten und Beruhigung: Es ist nur natürlich, dass Sie bei Menschen, die Ihnen nahestehen, nach Bestätigung und Antworten darauf suchen, wie Sie am besten mit Ihrer Situation umgehen. Wenn Sie jedoch an einen Punkt gelangen, an dem Sie sich vollständig auf diese Strategien verlassen, um Ihre Gelassenheit wiederzuerlangen und Ihre Sorgen zu verringern, befinden Sie sich auf einem steilen Abhang. Manche Menschen, die mir nahestehen, verbringen zum Beispiel mehrere Stunden am Tag auf Google, in der Hoffnung, dort Bestätigung oder zumindest eine Erklärung dafür zu finden, warum sie sich so ängstlich fühlen. Aber diese Strategie führt oft zu noch mehr Beunruhigung, denn wenn man relativ häufige Symptome *googelt*, erhält man in der Regel eine Vielzahl von Suchergebnissen, darunter auch Diagnosen, an die man noch gar nicht gedacht hatte.

Überplanung: Auch hier spricht nichts gegen ein moderates Maß an Planung. Es ist vollkommen gesund, einen Kalender zu führen oder Notizen für sich selbst zu hinterlassen. Manche Menschen planen ihr Leben jedoch bis ins letzte Detail und das kann problematisch werden. Eine übermäßige Planung ist nicht nur sehr zeitaufwendig, sondern kann auch andere negative Auswirkungen haben, wie z.B. die Verschlimmerung von Sorgen. Wenn wir etwa sorgfältig planen, sind wir versucht, all die Dinge vorherzusehen, die unseren Plan stören könnten, und zu überlegen, wie wir mit solchen Ereignissen umgehen könnten, wenn sie eintreten. Das führt zu einem Prozess ständiger Sorge. Andere planen akribisch, weil sie glauben, dass sie sonst nicht zurechtkommen. Das kann zu Ängsten führen, wenn eine solche Planung nicht möglich ist oder unvorhergesehene Ereignisse eintreten.

Neben diesen wenig hilfreichen Strategien gibt es noch einen weiteren Schlüsselfaktor, der das Überdenken begünstigen kann: Ihre Überzeugungen über das Denken (der Begriff *"metakognitiv" in der "metakognitiven Therapie" - einem beliebten klinischen Ansatz, der sich auf die Bedeutung eines Gedankens bezieht*). Wenn sich einige Grübler dazu entschließen, eine metakognitive Therapie zu beginnen, sind viele von ihnen davon überzeugt, dass sie keine Kontrolle über ihre Gedankenprozesse haben. Sie glauben, dass ihre Gedanken automatisch auftauchen und Aufmerksamkeit erregen und dass sie die Entwicklung endloser Grübeleien darüber, wie schlecht alles ist, oder katastrophale Sorgen darüber, was in Zukunft schiefgehen könnte, nicht kontrollieren können.

Ich habe eine gute Nachricht für Sie: *Es ist nicht notwendig, mit extremen Sorgen zu leben.* Dass übermäßiges Denken eine angeborene Eigenschaft sei, ist ein falscher Mythos. Das bedeutet, dass man es ändern kann und nicht einfach damit leben muss. Adrian Wells, klinischer Psychologe an der Universität

Manchester, der die metakognitive Therapie begründete, fand heraus, dass übermäßiges Denken - d.h. zwanghafte Gedanken und Grübeln - eine erlernte Strategie ist, die wir bewusst oder unbewusst wählen, um mit unseren schwierigen Gedanken und Gefühlen fertig zu werden. Es ist keine feste Eigenschaft, sondern eine Gewohnheit, der wir verfallen, und wir können lernen, sie zu ändern, wenn wir es wollen. Ganz gleich, ob Sie sich mehr Sorgen machen, als Ihnen lieb ist, oder ob Sie unter einer Angststörung oder Depression leiden, die metakognitiven Strategien, die ich im nächsten Abschnitt erläutern werde, können Ihnen helfen, übermäßiges Denken zu reduzieren. Bei der metakognitiven Therapie geht es um die Erkenntnis, dass Sie selbst entscheiden können, ob Sie sich auf einen Gedanken einlassen oder nicht, unabhängig von seinem Inhalt oder den Gefühlen, die er hervorruft. Im folgenden Abschnitt führe ich Sie durch einige der Schritte, die weltbekannte Psychologen in der metakognitiven Therapie anwenden, um ihren Patienten zu helfen, übermäßiges Denken zu reduzieren und die Erkenntnis zu erlangen, dass übermäßiges Denken kein unüberwindbarer Zustand ist, sondern eine Gewohnheit, die wir vollständig unter Kontrolle haben.

Metakognitive Strategie zur Beruhigung des Geistes

Erkennen Sie Ihre auslösenden Gedanken und schenken Sie Ihnen keine Beachtung: Es wird geschätzt, dass das menschliche Gehirn jeden Tag Tausende von einzelnen Gedanken, Assoziationen und Erinnerungen produziert. Die meisten dieser Gedanken sind bedeutungslos; sie kommen und gehen, ohne dass wir es bemerken. In der metakognitiven Therapie werden diese Gedanken als 'auslösende Gedanken' bezeichnet. Wenn Sie ihnen genug Aufmerksamkeit schenken, können diese Gedanken eine Explosion von körperlichen Empfindungen und Gefühlen auslösen. Einige auslösende Gedanken können Gefühle der Freude und Aufregung über ein bevorstehendes Ereignis hervorrufen: ein Treffen mit einem alten Freund, ein Urlaub, auf den Sie sich freuen, oder ein Drink mit der Frau/dem Mann, die/der Ihnen gefällt. Natürlich sind diese Arten von auslösenden Gedanken nicht problematisch. Andere auslösende Gedanken können jedoch zu einer langen Reihe weiterer Gedanken führen, die sich zu einem Strudel aus Angst und Negativität entwickeln können. Sorgen drehen sich in der Regel um hypothetische Szenarien und beginnen mit Aussagen wie "*Was wäre, wenn...*", z. B. "*Was ist, wenn ich die falsche Entscheidung treffe?*", "*Was ist, wenn er mich nicht mag?*", "*Was ist, wenn ich krank werde?*" und so weiter. Typisches Grübeln hingegen beginnt mit Gedanken über das Was, das Warum und das Wie: *"Was stimmt nicht mit mir?" "Warum fühle ich mich so?" "Wie kann ich mich ändern?*

Sie können diese Gedanken mit Zügen in einem überfüllten Bahnhof vergleichen. Es gibt ständig Abfahrten zu einer Vielzahl von verschiedenen Zielen. Jeder Zug kann einen Gedanken oder eine Folge von Gedanken darstellen. Zum Beispiel könnte ein Gedanke wie "*Was, wenn er mich nicht mag?*" auf der mentalen Plattform ankommen. Sie könnten also den Gedanken "beachten" und bald feststellen, dass mehrere andere Gedanken daran beteiligt sind: *"Ich werde nicht damit umgehen können, wenn er mich nicht mag"* - *"Vielleicht sollte ich dann nicht zu dem Date gehen"*. Oder Sie können den Gedanken abtun, als ob Sie den Zug vorbeifahren lassen würden, und Ihre Aufmerksamkeit wieder auf das richten, was Sie gerade getan haben. Wenn Sie keine Energie auf einen Gedanken verwenden, werden Sie erkennen, dass er auf der Plattform kurz verweilt, um dann einfach an Ihnen vorbeizuziehen.

Es ist also nicht der auslösende Gedanke selbst, der Sie überwältigt und zu einer Vielzahl von unangenehmen Symptomen führt; es ist auch nicht die Menge der auslösenden Gedanken, die Sie haben (*jeder hat sie*). Probleme entstehen, wenn Sie ständig auf jeden Zug aufspringen - *das heißt, wenn Sie anfangen, den Gedanken zu analysieren und ausgiebig darüber nachzudenken* - dann ist es so, als würden Sie dem Zug immer mehr Waggons hinzufügen, einen nach dem anderen; der Zug wird schwerer und langsamer, und schließlich wird er Schwierigkeiten haben, auch den kleinsten Hügel zu überwinden. Das Gleiche gilt für Ihre auslösenden Gedanken: Je mehr Zeit Sie mit diesen Gedanken verbringen, desto schwerer und überschwemmter werden, Sie sich fühlen.

Erkennen Sie, was Sie kontrollieren können und was nicht: Wenn Sie daran gewöhnt sind, die meisten Züge eher unkritisch zu besteigen - *das heißt, sich ständig mit auslösenden Gedanken zu beschäftigen und sich über längere Zeiträume Sorgen zu machen* - dann sind Sie leider auf dem besten Weg, ein ungesundes Muster zu entwickeln. Wenn Sie dieses Muster immer und immer wieder wiederholen, kann es so aussehen, als würde es sich automatisch ergeben. Sie könnten verständlicherweise zu der Überzeugung gelangen, dass es sich Ihrer Kontrolle entzieht. Es stimmt, die auslösenden Gedanken selbst sind völlig automatisch - *Sie haben keinen Einfluss darauf, welche Züge an Ihrem mentalen Bahnhof ankommen und warum*. Sie können jedoch wählen, in welche Züge Sie einsteigen möchten. Sie können wählen, ob Sie den auslösenden Gedanken berücksichtigen wollen oder nicht. Sie können selbst bestimmen, ob Sie auf den Gedanken "antworten" oder ihm weitere Fragen folgen lassen wollen.

Um diese Konzepte noch besser zu veranschaulichen, könnten Sie sich Ihre Gedanken statt in Zügen als jemanden vorstellen, der Sie anruft. Natürlich entscheiden Sie nicht, ob das Telefon klingelt, wer anruft oder zu welcher Tageszeit. Leider ist es in diesem Fall nicht die Art von Telefon, das man einfach ausschalten kann! Aber Sie können wählen, ob Sie den Hörer abnehmen oder ob Sie es klingeln lassen und Ihre Aufmerksamkeit wieder auf das lenken, was Sie gerade getan haben. Das Geräusch des Telefons mag laut sein, nerven und Ihre Aufmerksamkeit erregen, aber was passiert, wenn Sie es ignorieren? Irgendwann hört es auf, zu klingeln. Obwohl Gedanken und Telefone natürlich unterschiedliche Dinge sind, führt diese Metapher zu einer wichtigen Erkenntnis in der metakognitiven Therapie: *Während auslösende Gedanken außerhalb Ihrer Kontrolle liegen, können Sie immer kontrollieren, ob Sie sie berücksichtigen oder nicht.*

Im Prinzip sind Gedanken flüchtig, auch wenn Sie sie vielleicht nicht so sehen. Versuchen Sie, sich zu fragen, an wie viele der Gedanken, die Sie gestern hatten, Sie sich heute erinnern können. Um ehrlich zu sein, kann ich mich von den mehreren Tausend, die ich selbst erlebt habe, nicht einmal an zehn erinnern. *Aber warum ist das so?* Die meisten Gedanken, die wir haben, kommen und gehen fast augenblicklich, denn wir schenken ihnen keine Aufmerksamkeit, wir lassen sie unbeachtet und gehen zurück zu dem, was wir gerade taten. Auch wenn Sie sich dessen nicht bewusst sind, können Sie sich bereits dafür entscheiden, sich nicht auf ein Gespräch mit Ihren Gedanken einzulassen, so wie Sie auch das Telefon ignorieren können, das ständig klingelt.

Schieben und reduzieren Sie Ihre Sorgen und Grübeleien auf: Viele chronische Denker kämpfen damit, ihren Glauben daran zu ändern, dass Gedanken kontrolliert werden können, und vielleicht sind auch Sie, lieber Leser oder liebe Leserin, noch nicht überzeugt. Eine Möglichkeit, Ihren Glauben weiter zu hinterfragen, ist zu analysieren, ob Sie in der Lage sind, Sorgen und Grübeleien aufzuschieben. In diesem Zusammenhang empfehle ich die Einführung einer sogenannten *'Zeit der Sorge/des Nachdenkens'*. Es sollte eine feste Tageszeit sein, zum Beispiel von 18.30 Uhr bis 19.30 Uhr, zu der Sie sich erlauben, frei zu grübeln. Wenn also im Laufe des Tages auslösende Gedanken oder Gefühle auftauchen - *wenn Sie z.B. das Bedürfnis haben, Ihre Gesundheit* *zu bewerten oder darüber nachzudenken, was Ihre Freunde von Ihnen denken* - versuchen Sie, diese Gedanken auf die geplante Zeit des Grübelns zu verschieben (Sie könnten sich einfach sagen: "*Ich werde mich später damit beschäftigen*"). Diese voreingestellte Zeit ist auch nützlich, um zu planen oder sich zu vergewissern, was Sie benötigen. Eine Anmerkung: Sie sollten es vermeiden, Ihre Grübel Zeit ein oder zwei Stunden vor dem Schlafengehen anzusetzen, insbesondere wenn Sie zu Schlaflosigkeit neigen.

Die Einführung einer vorgegebenen *'Zeit des Nachdenkens'* dient mehreren Zwecken. Erstens ist es ein Experiment, das die Annahme infrage stellt, dass Sorgen und Gedanken unkontrollierbar sind. Wenn Sie sich auf dieses Experiment einlassen, entdecken die meisten Überdenker, dass es tatsächlich möglich ist, Sorgen aufzuschieben. Auch wenn dies ein schwieriges Ziel zu sein scheint, so ist es doch etwas, das man bereits täglich tut, ohne es zu merken. Ein Beispiel? Wenn Sie auf dem Weg zur Arbeit eine alarmierende Schlagzeile in der Zeitung lesen und sich Sorgen machen, sich dann aber daran erinnern, dass Sie es eilig haben, und Ihre Aufmerksamkeit wieder auf den gegenwärtigen Moment lenken, um nicht zu spät zu kommen - das ist Kontrolle Ihrer Gedanken. Oder: Sie sitzen mit einem Freund an der Bar und belauschen ein Gespräch an einem anderen Tisch, das unangenehme Erinnerungen auslöst. Aber anstatt sich damit zu beschäftigen, beschließen Sie, Ihre Aufmerksamkeit wieder auf das Gespräch mit Ihrem Gesprächspartner zu richten. Nochmals: *Sie kontrollieren Ihre Gedanken.* Auf die gleiche Weise können Sie lernen, Ihre auslösenden Gedanken bewusst zu ignorieren und erkennen, dass Sie tatsächlich die Möglichkeit haben, sich weniger mit ihnen zu beschäftigen.

Eine zweite Funktion dieser festgelegten Nachdenk-Zeit ist, dass sie eine echte Möglichkeit bietet, zu entdecken, dass die auslösenden Gedanken flüchtig sind und sich ständig ändern.

Gedanken, die Ihnen am Morgen noch sehr relevant und wichtig erschienen, sind oft weniger wichtig, wenn Sie später am Tag während Ihrer Grübel-Zeit darüber nachdenken. Vielleicht stellen Sie sogar fest, dass Sie sich nicht an einige der Gedanken erinnern können, die Sie am Morgen beunruhigt haben. Alle Gefühle, ob positiv oder negativ, sind in der Regel harmlos, wenn wir sie tolerieren und Ihnen keine Beachtung schenken. Natürlich verschwinden nicht alle Gedanken für immer, wenn Sie sie aufschieben - manche Gedanken könnten sich auf wichtige Themen beziehen, mit denen Sie sich wirklich auseinandersetzen müssen. In jedem Fall ist es viel konstruktiver, sich zu einer bestimmten Tageszeit mit diesen Gedanken und Problemen zu befassen, anstatt sie unentwegt zuzulassen, während Sie versuchen, Ihren täglichen Pflichten nachzukommen.

Schließlich ist die Zeit des Grübelns eine Möglichkeit, die Zeit, die man mit Sorgen verbringt, zu reduzieren und einzudämmen, auch wenn es offensichtlich erscheint. Wie ich bereits erklärt habe, ist es nicht der auslösende Gedanke an sich, der die unangenehmen Symptome verursacht, auch nicht die Menge der auslösenden Gedanken, sondern die Zeit, die man damit verbringt, sich mit ihnen zu beschäftigen. Wenn Sie dem Grübeln eine bestimmte Zeit widmen, werden Sie sich eher in der Lage fühlen, es zu kontrollieren und sich nicht davon überwältigen zu lassen.

Verhindern Sie Vermeidung und trainieren Sie Ihre Aufmerksamkeit: Für Menschen, die mit übermäßigem Denken zu kämpfen haben, ist es nur allzu leicht, eine Angst vor auslösenden Gedanken zu entwickeln. Denn wenn man sich ihnen ausgeliefert fühlt, könnte man versucht sein, sie von vornherein zu meiden. Leider ist dies nicht nur weitgehend nutzlos, sondern auch kontraproduktiv - das Vermeiden von auslösenden Gedanken wird Ihr Leben behindern. Außerdem haben Sie in dem Maße, in dem es Ihnen gelingt, Situationen zu vermeiden, die auslösende Gedanken stimulieren, nicht die Möglichkeit, das Loslassen zu üben. *Schließlich können Sie nicht Fahrrad fahren lernen, ohne in die Pedale zu treten.*

Inspiriert von den obigen Ausführungen und wenn Sie sich bereit fühlen, empfehle ich Ihnen, sich selbst tägliche Herausforderungen zu stellen, die auslösende Gedanken beinhalten, und zu üben, sie bis zu einem bestimmten Zeitpunkt loszulassen. Diese Strategie wird Ihnen helfen, Ihre auslösenden Gedanken besser auf sich beruhen zu lassen und zu erkennen, dass Sie die volle Kontrolle über Ihre Sorgen haben. Seien Sie gewarnt: Sie werden nicht jedes Mal Erfolg haben. Es ist völlig normal, dass Sie in den Strudel des Überdenkens zurückfallen, besonders am Anfang. Aber genau wie beim Fahrradfahren müssen Sie nach jedem Sturz wieder aufstehen und weiter in die Pedale treten, bis Sie den Dreh raushaben.

Effektive Konzentrationsübungen

Manche Menschen haben Schwierigkeiten, diese Fähigkeit zu entwickeln. In diesem Fall wird das *Aufmerksamkeitstraining* in der metakognitiven Therapie eingesetzt, um Patienten zu helfen, zu erkennen, dass sie ihren Fokus unabhängig von internen Inputs, wie z.B. auslösenden Gedanken, und externen Inputs, wie etwa Stressoren, aufschieben können. In der Regel werden die Patienten gebeten, die folgende 10-minütige Übung zu machen. Ich hoffe, dass Sie sich von der Funktionsweise inspirieren lassen und es ausprobieren:

Eintauchen in die Umwelt

Stellen Sie sich auf drei oder mehr Umgebungsgeräusche ein, z.B.: Verkehr, Vogelgezwitscher, Radio- oder Fernsehgeräusche in der

Nähe, spielende Kinder, eine aktive Baustelle oder anderes. Sie müssen einen Ort finden, an dem Sie diese Umgebungsgeräusche erleben können. Es ist hilfreich, wenn unter den von Ihnen gewählten Umständen einige Geräusche näher und lauter sind, während andere weiter entfernt und leiser sind.

Üben Sie sich darin, von den drei oder mehr Klängen, die Sie entdecken, jeweils nur einen für etwa 10 Sekunden herauszuhören, während Sie die anderen in den Hintergrund treten lassen. Nachdem die 10 Sekunden verstrichen sind, richten Sie Ihre Aufmerksamkeit auf einen der anderen von Ihnen gewählten Klänge.

Nach zwei Minuten wiederholen Sie die Übung, wechseln aber schneller von einem Geräusch zum nächsten - konzentrieren Sie sich jetzt jeweils nur zwei bis vier Sekunden lang auf ein Geräusch.

Der Zweck der Übung ist es, die Verlagerung des Fokus zu entwickeln. Wenn Sie sich sicherer fühlen, können Sie die Aufnahme eines auslösenden Gedankens in die Übung einbauen und üben, Ihre Aufmerksamkeit auf den Klang dieses Gedankens zu lenken.

Fensterübung

Eine weitere nützliche Übung, die Sie ausprobieren können, ist die Fensterübung. Diese Übung wird Ihnen verdeutlichen, dass Ihre Aufmerksamkeit unter Ihrer Kontrolle steht, unabhängig von der Existenz auslösender Gedanken in Ihrem Kopf. Die Umsetzung dieser Übung ist einfach und macht Spaß. Lassen Sie es uns gemeinsam herausfinden.

Schreiben Sie mit abwaschbarer Tinte ein oder zwei auslösende Gedanken an ein Fenster (z.B. *"Was, wenn ich bei der Führerscheinprüfung durchfalle?"* oder *"Was, wenn sie mich langweilig findet?"*) und üben Sie dann, durch die Wörter hindurchzuschauen, um einen Blick auf die dahinter liegende Szene zu erhaschen - die Bäume, den Himmel, die Gebäude, was auch immer Sie von Ihrem Fenster aus sehen. Dann lenken Sie Ihre Aufmerksamkeit wieder auf die Worte und auf die Details der Schrift. Das Ziel ist, sich mit dem Gefühl vertraut zu machen, dass Sie Ihren Fokus kontrollieren können. Wenn Sie es ausprobieren, werden Sie feststellen, dass die geschriebenen Gedanken zwar im Blickfeld bleiben, Sie aber steuern können, ob Sie sich auf sie konzentrieren oder sie verblassen lassen und stattdessen die Außenwelt genießen.

Wichtigste Punkte - wie Sie aufhören, zu viel nachzudenken

- Anhaltendes Grübeln in Form von Sorgen und exzessiven Gedanken kann eine Vielzahl von Symptomen wie Schlaflosigkeit, Konzentrationsschwierigkeiten und Energieverlust hervorrufen, die wiederum oft dazu führen, dass man sich noch mehr Sorgen über seine Symptome macht, wodurch ein Teufelskreis des Überdenkens entsteht. In manchen Fällen kann dies zu Angstzuständen oder Depressionen führen.
- Gängige Strategien zur Kontrolle von Ängsten und Sorgen, wie z.B. die Beobachtung von Bedrohungen, die Suche nach Bestätigung und übermäßige Planung, sind nutzlos und kontraproduktiv. Sie führen oft zu einem gesteigerten Gefühl der Gefahr, verstärkten Sorgen und halten den Glauben aufrecht, dass sich diese Sorgen Ihrer Kontrolle entziehen.
- Viele halten Überdenken für eine angeborene Persönlichkeitseigenschaft, etwas, das man nicht ändern kann. Übermäßiges Denken in Form von Sorgen und

Grübeln ist jedoch eine erlernte Strategie, die wir - bewusst oder unbewusst - wählen, um mit unseren Gedanken und Gefühlen umzugehen. Es ist im Grunde eine Gewohnheit, der wir verfallen, aber wir können lernen, sie zu ändern.

- Übermäßiges Nachdenken beginnt mit einem 'auslösenden Gedanken'. Es ist nicht der auslösende Gedanke selbst, der unangenehme Symptome verursacht, auch nicht die Menge des letzteren. Es ist die Zeit, die Sie mit diesen Gedanken verbringen, die Unbehagen verursacht.
- Auslösende Gedanken sind zwar völlig automatisch, aber Sie können lernen, zu kontrollieren, ob Sie sich auf einen auslösenden Gedanken einlassen oder nicht. Sie können wählen, ob Sie auf den Gedanken "reagieren" und ihm weitere verwandte Gedanken folgen lassen - oder ob Sie ihn einfach in Ruhe lassen. Gedanken sind flüchtig und werden vergehen, wenn Sie ihnen keine Aufmerksamkeit schenken.
- Eine Möglichkeit, die Überzeugung infrage zu stellen, dass das Grübeln außerhalb Ihrer Kontrolle liegt, besteht darin, herauszufinden, ob Sie in der Lage sind, Sorgen und Grübeleien aufzuschieben. Nehmen Sie sich täglich eine halbe Stunde Zeit, in der Sie sich Gedanken machen und grübeln können. Wenn die auslösenden Gedanken früh am Tag auftauchen, üben Sie, das Grübeln auf die vereinbarte Zeit zu verschieben.
- Es ist verlockend, Situationen zu vermeiden, die auslösende Gedanken hervorrufen könnten, dies ist jedoch kontraproduktiv. Im Gegenteil, es ist besser, sich darin zu üben, sie loszulassen, ohne in sie verwickelt zu sein.

Bisher habe ich über übermäßiges Denken unter der Prämisse gesprochen, dass es etwas ist, auf das die meisten von uns lieber verzichten würden, und wir daher wahrscheinlich hoch motiviert sind, es zu reduzieren. Vielleicht gehören Sie aber auch zu den vielen Menschen, die der Gewohnheit des Überdenkens eher zwiespältig gegenüberstehen - schließlich glauben Sie vielleicht, dass exzessives Denken auch Vorteile hat. Wenn dies der Fall ist, wird es nicht nur schwierig für Sie sein, diese Gewohnheit zu ändern, sondern Sie finden es vielleicht auch beängstigend, das loszulassen, was für Sie wie eine Krücke war, eine Stütze, die Ihnen durchs Leben geholfen hat. Trotz der Probleme, die durch das Überdenken entstehen, fühlen Sie sich vielleicht sicher, weil es ein vertrauter Mechanismus für Sie ist - es ist das, was Sie immer getan haben. Vielleicht sehen Sie das Überdenken sowohl als Problem als auch als Lösung.

Diese Ambivalenz spiegelt bestimmte Annahmen wider, die Sie, wie viele andere auch, über Ihre Gedanken und Strategien haben könnten. Wenn Sie es schaffen wollen, Ihr übermäßiges Denken abzubauen, müssen Sie sich mit diesen Annahmen direkt auseinandersetzen. Eine häufige Annahme ist zum Beispiel: *"Wenn ich mir Gedanken darüber mache, was schiefgehen könnte, werde ich besser damit umgehen können"*. Eine andere lautet: *"Wenn ich daran denke, was ich falsch gemacht habe, kann ich es beim nächsten Mal besser machen"*. Es versteht sich von selbst, dass, wenn Sie mit diesen Überzeugungen über die angeblichen Vorteile des Grübelns leben, es Ihnen besonders schwerfallen wird, es loszulassen.

Um diese Überzeugungen zu hinterfragen, schlage ich vor, dass Sie sich fragen, ob Ihre Grübeleien Sie jemals zu besseren Entscheidungen, weniger Stress und mehr Kontrolle geführt haben. Die Antworten der meisten Menschen sind widersprüchlich. Einerseits haben Sie vielleicht das Gefühl, dass Ihre Grübeleien

Ihnen ein gewisses Gefühl von Sicherheit und Kontrolle gegeben haben. Andererseits erkennen Sie, dass diese Sorgenstrategien Anspannung, Unruhe und vielleicht sogar Angst verursachen, Faktoren, die in der Regel nicht zu besseren Entscheidungen führen. Eine Möglichkeit, positive Überzeugungen über die Nützlichkeit von Sorgen infrage zu stellen, besteht darin, die Vor- und Nachteile auf einem Blatt Papier abzuwägen und dann zu entscheiden, ob Sie die Sorgen zeitlich begrenzen wollen oder nicht. Die nackte Wahrheit ist, dass Sie sich nicht lange um alles sorgen können, was schiefgelaufen ist oder schieflaufen wird, und gleichzeitig emotional ausgeglichen und stressfrei bleiben. Natürlich müssen Sie die Dinge manchmal durchdenken. Was ist also zu tun? Mein Rat: Wenn Sie das Beste aus beiden Welten wollen - weniger Symptome und Raum für Kontemplation - dann legen Sie die Zeit für die Sorgen/Reflexion fest, wie ich oben beschrieben habe, und verschieben Sie Ihre Gedanken auf diese spezielle Zeit. Vielleicht finden Sie das zunächst etwas beängstigend, wenn Sie der festen Überzeugung sind, dass Sorgen oder Grübeln tatsächlich dazu beitragen, dass Sie (oder andere) sicher und leistungsfähig sind. Sie werden viel Mut brauchen, um herauszufinden, ob Sie auf das Überdenken verzichten können. Aber ich möchte Sie dringend dazu ermutigen, dies zu tun. Versuchen Sie, es als ein Experiment zu sehen, bei dem Sie erkunden, was passiert, wenn Sie diesen Routinen loslassen. Wenn Sie es schaffen, werden Sie sicher eine große Erleichterung verspüren, und Ihre Entscheidungen werden nicht beeinflusst. Wenn es nicht klappt, können Sie immer noch zu Ihren alten Strategien zurückkehren. Sie haben die Wahl.

KAPITEL 4
FLÜCHTEN SIE NICHT VOR DER ANGST

Zuhören ist eine Fähigkeit, die Übung erfordert. Unser Instinkt ist es, nur das Nötigste aufzunehmen, wobei sich ein Teil unseres Verstandes auf das Zuhören und der andere auf eine Million anderer Dinge konzentriert. Aktives Zuhören mit unserer vollen Aufmerksamkeit erfordert eine solche Konzentration, dass es kein Wunder ist, dass es den meisten Menschen schwerfällt. Es ist viel einfacher, unser Unterbewusstsein den Lärm in Dinge filtern zu lassen, denen wir Aufmerksamkeit schenken sollten, und in Dinge, die wir besser übergehen und so tun, als wäre nichts geschehen.

Zur letzteren Kategorie gehören oft Ängste: *Dinge, auf die wir nicht hören sollten.* Wir behandeln diese Angst wie einen Maulwurf aus dem berühmten Spiel, das in den frühen 2000er-Jahren die Spielhallen bevölkerte. Sobald sie zum Vorschein kommt, schnappen wir uns alles, was wir in die Hände bekommen können - eine Flasche Bier, ein Glas Wein, einen Film auf Netflix - und werfen es nach ihr, in der Hoffnung, dass sie nicht mehr auftaucht oder in dem Verdacht, dass sie erneut auftauchen könnte. Also halten wir unseren Hammer bereit. Dies war meine Selbstbehandlung für Angst und ihren subtileren und stilleren Begleiter, die Depression, für sehr lange Jahre. Klavier und Bier. Netflix und Bier. Klavier, Netflix und Bier. Nun, die Gleichung ist ziemlich einfach: Ich war auf alles aus, was nötig war, um diese verdammte Angst zu vertreiben, zumindest vorläufig.

Was mir schließlich klar wurde, war, dass mein Selbstbehandlungsplan nicht funktionierte. Meine Angstzustände schienen mit der Zeit nur noch intensiver zu werden, mit härteren und länger andauernden Panikattacken. Attacken, die mich in meiner Situation festhielten. Attacken, die mich mit Selbstzweifeln überwältigt haben. Attacken, die sich mit körperlichen Symptomen zu manifestieren begannen, wie z.B. tagelange, stechende Schmerzen in der linken Seite meiner Brust. Ein scharfer, stechender Schmerz, der nicht verschwinden wollte. Schließlich, nach Jahren, brach ich zusammen.

Die Last der Angst war zu schwer geworden, um sie zu ignorieren. Ich konnte sie nicht mehr mit Musik, Bier und Krimiserien ertränken, und auch nicht mit Gewohnheiten, die mir effektiver erschienen, wie zum Beispiel am See laufen zu gehen. Egal, wie schnell ich rannte, ich konnte sie nicht abhängen. Sobald ich beschleunigte, wurde auch die Panik schneller. Wenn ich ihr Hindernisse in den Weg legte, rannte und sprang sie über diese hinweg und gewann mit jedem Schritt an Boden. Also habe ich beschlossen, nicht mehr vor ihr wegzulaufen.

Ich beschloss ganz bewusst, mich ihr zu stellen, ihr zuzuhören, sie als ein Signal meines Körpers wahrzunehmen, als eine Warnsirene meines Unterbewusstseins, die mir sagt, dass etwas nicht stimmt, dass ich auf mein Inneres hören muss. Es besteht kein Zweifel: Es war ein großer Sinneswandel. Der erste Schritt auf einer langen Reise, auf der ich versucht habe, meine chronischen Ängste zu verstehen, in der Hoffnung, einen Weg zur Heilung zu finden.

Es lohnt sich zu erwähnen, dass mein erster Schritt zur Behandlung von Angstzuständen nicht Meditation, Yoga oder Medikamente waren. Eine Therapie, die heute ein wichtiger Teil meiner Behandlung ist. Es war eine Entscheidung, auf die Botschaft zu hören, die mein Körper mir immer wieder sandte. Eine Nachricht, die ich jahrelang mit allen erdenklichen Aktivitäten zu ignorieren versucht hatte. Für mich war das eine sehr schwierige Umstellung. Ich habe mich unglaublich verletzlich gefühlt. Denn wenn ich die Angst nicht mehr als lästige Unannehmlichkeit betrachtete, sondern als wichtiges Signal, musste ich erkennen, dass es mir nicht gut ging, dass etwas wirklich nicht stimmte und dass ich keine Ahnung hatte, was es war. Das war sowohl erschreckend als auch befreiend, aber ein entscheidender Schritt auf meinem Heilungsweg. Und es ist gleichzeitig ein Schritt, der meiner Meinung nach bei der Bewältigung von Ängsten zu oft übersehen wird. Deshalb spreche ich in diesem Teil des Buches über die schwierigen Zeiten, die ich durchgemacht habe. Ich möchte einige Lücken im Gespräch schließen und die Kluft zwischen Ihnen und mir, lieber Leser, liebe Leserin, verringern.

Allzu oft werden uns heute schnelle Lösungen für alle möglichen Probleme angeboten. Ein paar tiefe Atemzüge hier, eine Yogastunde dort, und schon sind Sie fertig. „Seien Sie offen für eine Behandlung, gehen Sie zu einem Psychologen", heißt es in der Erzählung, "und Sie werden schnell Fortschritte machen." Ich möchte die Arbeit von Fachleuten nicht schmälern, für viele waren und sind sie ein unglaubliches Heilmittel. Aber bei mir hat *'der Psychologe'* einfach nicht funktioniert. Es war ein langer und mühsamer Weg zur Heilung. Eine Reise in dunkle innere Bereiche, in die ich mich nie wagen wollte. Aber der einzige Weg, wie ich wirklich zu heilen begann, war, mich umzudrehen und mich meinen Ängsten zu stellen.

Bevor Sie eine Behandlung gegen Angstzustände beginnen, sollten Sie einen Moment innehalten. Setzen Sie sich damit auseinander. Geben Sie sich Zeit, darüber nachzudenken, welche Themen in Ihrem Unterbewusstsein herumschwirren. Themen, die Sie vielleicht ignoriert haben, die aber mit dem unangenehmen Gefühl zusammenhängen könnten, das durch Ihren Körper strömt. Stellen Sie sich die Angst wie einen Faden in einem Garnknäuel vor. Ein großes, verwirrendes, unordentliches Knäuel Garn. Ziehen Sie an der Schnur. Sehen Sie, was passiert. Sie werden vielleicht überrascht sein, was Sie entdecken. Und wenn Sie das tun, sollten Sie sich selbst für Ihren Mut loben. Es erfordert Mut, sich den Dingen zu stellen, die man nicht versteht. Es erfordert Mut, eine Reise zu beginnen, ohne zu wissen, wo sie endet. Die gute Nachricht ist, dass diese Seiten von meiner Erfahrung und meinem aufrichtigen Wunsch durchdrungen sind, Ihnen bei der Überwindung Ihrer Probleme zu helfen. Durch Informationen und unermüdliches Experimentieren begannen sich meine wirbelnden, verwirrten Gedanken langsam zu klären. Ich begann, die Angst als ein Symptom tiefer liegender Probleme zu verstehen - nicht als ein Gespenst, das mich verfolgt und von Zeit zu Zeit auftaucht, um mich zu erschrecken, oder als ein Maulwurf, den man ins Loch zurückhämmert.

Ich begann zu erkennen, dass meine Ängste zum Teil mit großen Veränderungen in meinem Leben zusammenhingen, die ich heruntergespielt oder zu ignorieren versucht hatte. So wie der Tod meines Vaters vor ein paar Jahren, mit dem ich zurechtkam, indem ich mich darauf konzentrierte, alle 'To-Do's' zu erledigen (*'Das hätte er so gewollt*' wurde zu meinem Mantra). Wie das langsame Versinken in der Isolation von Freunden, Familie und früheren sozialen Kontakten. Angst existiert nicht im luftleeren Raum. Es ist verlockend, sie so zu sehen, denn so können Sie sich von ihr distanzieren. Aber so einfach ist es nicht. Es ist eine Botschaft Ihres Körpers, die Ihnen mitteilt, dass etwas Wichtiges passiert, etwas, das Sie im Moment vernachlässigen. Angst ist ein Alarm. Hören Sie genau hin.

Im nächsten Abschnitt werden wir eine Reihe von nützlichen Atemtechniken entdecken, die mir bei meinem Veränderungsprozess sehr geholfen haben. Dies sind einfache Strategien, die überall angewendet werden können, um die Konzentration auf den gegenwärtigen Moment zurückzubringen, den Geist zu beruhigen und friedlicher zu leben. Sie müssen nur die Tipps ausprobieren, die ich Ihnen gleich geben werde, das Ergebnis wird unglaublich beruhigend sein.

Atemtechniken zum Abbau von Angst und Stress

Haben Sie jemals darauf geachtet, wie Sie atmen, wenn Sie entspannt sind? Wenn Sie das nächste Mal liegen, nehmen Sie sich einen Moment Zeit, um die Empfindungen in Ihrem Körper und den Rhythmus Ihrer Atmung wahrzunehmen. Oder denken Sie daran, wie Sie atmen, sobald Sie morgens aufwachen oder kurz vor dem Einschlafen. Die Atemübungen, die Sie gleich entdecken werden, können Ihnen enorm dabei helfen, Angst und Stress abzubauen, denn sie lösen die gleichen Empfindungen aus, die Sie in einem Zustand völliger Entspannung erleben.

Tiefes Atmen – *auf Englisch: deep breathing* - ist eine der effektivsten Methoden, um den Cortisolspiegel zu senken und Ihre Gedanken zu beruhigen. Denn wenn Sie tief durchatmen, senden Sie eine Botschaft an Ihren Geist. Dieser sendet es dann an den Körper zurück und löst ein tiefes Gefühl des Wohlbefindens aus. Die Dinge, die passieren, wenn Sie gestresst sind, wie eine erhöhte Herzfrequenz, schnelles Atmen und unser liebes altes Grübeln, werden drastisch reduziert, wenn Sie bewusst atmen. Bevor wir zum praktischen Teil übergehen, hier drei einfache Hinweise, die Sie sich merken sollten:

- Die Art und Weise, wie Sie atmen, beeinflusst Ihren gesamten Körper. Atemübungen sind eine großartige Möglichkeit, sich zu entspannen, sowie Spannungen und Stress abzubauen.
- Atemübungen sind leicht zu erlernen. Sie können sie durchführen, wann immer Sie wollen, und Sie brauchen keine speziellen Werkzeuge oder Geräte, um sie zu nutzen.
- Sie können verschiedene Übungen machen, um zu sehen, welche für Sie am besten funktioniert. Es gibt keine bessere oder schlechtere Übung, sondern nur eine Technik, die vielleicht besser funktioniert als eine andere.

Nun ist es an der Zeit, dass Sie sich im Üben versuchen. Im Folgenden finden Sie einige Atemübungen, die Sie sofort ausprobieren können, um Entspannung und Ruhe zu finden. Die erste Übung - Wechselatmung - ist am einfachsten zu erlernen und am schnellsten in die Praxis umzusetzen. Wenn Sie diese Art von Übung noch nie gemacht haben, empfehle ich Ihnen, mit dieser Technik zu beginnen. Die folgenden Übungen werden allmählich fortgeschrittener.

Abwechselnde Atmung

Die Wechselatmung (nadi shodhana) besteht darin, jeweils ein Nasenloch zu verschließen und durch das andere zu atmen, wobei die Nasenlöcher regelmäßig gewechselt werden. Es ist ratsam, diese Atemtechnik im Sitzen zu üben, um eine korrekte Haltung zu bewahren.

- Falten Sie Ihren Zeige- und Mittelfinger in die Handfläche Ihrer rechten Hand, und lassen Sie den Daumen, Ringfinger und kleinen Finger ausgestreckt. Diese Haltung ist im Yoga als Vishnu Mudra bekannt.
- Schließen Sie die Augen oder schauen Sie leicht nach unten.
- Beginnen Sie sanft ein- und auszuatmen.
- Verschließen Sie das rechte Nasenloch mit Ihrem Daumen.
- Atmen Sie durch das linke Nasenloch ein.
- Verschließen Sie das linke Nasenloch mit dem Ringfinger.
- Lösen Sie den Daumen und atmen Sie durch das rechte Nasenloch aus.
- Atmen Sie durch das rechte Nasenloch ein.
- Verschließen Sie das rechte Nasenloch mit Ihrem Daumen.
- Lassen Sie Ihren Zeigefinger los und atmen Sie durch das linke Nasenloch aus.
- Atmen Sie durch das linke Nasenloch ein.
- Und so weiter...

Konzentrieren Sie sich darauf, 10 Wiederholungen zu beenden und dabei einen sanften und tiefen Rhythmus beizubehalten. Wenn Ihnen schwindelig wird, machen Sie eine Pause. Lassen Sie beide Nasenlöcher frei und atmen Sie normal.

Bauchatmung

Nach Angaben *des American Institute of Stress* führt die tägliche Durchführung von 20 bis 30 Minuten Bauchatmung zu unglaublichen Vorteilen bei der Stressbewältigung. Die Umsetzung in die Praxis ist sehr einfach. Suchen Sie sich einen bequemen, ruhigen Platz zum Sitzen oder Liegen. Versuchen Sie es zum Beispiel mit einem Stuhl, indem Sie sich im Schneidersitz hinstellen, oder legen Sie sich auf den Rücken, mit einem kleinen Kissen unter dem Kopf und einem weiteren unter Ihren Knien.

- Legen Sie eine Hand auf die obere Brust und die andere auf den Bauch, direkt unterhalb des Brustkorbs.
- Erlauben Sie Ihrem Bauch, sich zu entspannen, ohne ihn durch Anspannen der Muskeln nach innen zu zwingen.
- Atmen Sie langsam durch Ihre Nase. Die Luft sollte sich sanft bewegen, sodass Sie spüren, wie Ihre Bauchdecke ansteigt und sich die Luft bis nach innen (zur Wirbelsäule hin) ausbreitet.
- Atmen Sie langsam durch den Mund aus, indem Sie Ihre Lippen leicht spreizen. Achten Sie auf die Hand auf Ihrer Brust. Eine korrekte Ausführung bedeutet, dass Ihre Hand fast still liegt.
- Obwohl die Häufigkeit dieser Technik von Ihrem Gesundheitszustand abhängt, beginnen die meisten Menschen mit einer dreimaligen, fünfminütigen Wiederholung der Übung ein- bis viermal am Tag.

Box-Atmung

Die Box-Atemtechnik, die auch als "*Vier-Quadrate-Atmung*" bekannt ist, ist sehr einfach zu erlernen und zu praktizieren. Wenn Sie sich schon einmal dabei ertappt haben, wie Sie im Takt eines

Liedes ein- und ausatmen, sind Sie mit dieser Art von Übung bereits vertraut. Es funktioniert folgendermaßen:

- Atmen Sie tief ein, halten Sie die Luft an, zählen Sie bis vier und atmen Sie aus;
- Halten Sie Ihre Lungen für weitere vier Sekunden leer;
- Bei Nummer vier atmen Sie sanft ein;
- Halten Sie die Luft für weitere vier Sekunden in der Lunge.
- Atmen Sie aus und beginnen Sie das Muster erneut.

Atmen 4-7-8

Die 4-7-8-Atemübung, auch Entspannungsatmung genannt, wirkt wie ein natürliches Beruhigungsmittel für das Nervensystem. Führen Sie die Übung zunächst am besten im Sitzen mit geradem Rücken durch. Sobald Sie mit ihr vertraut sind, können Sie sie im Bett liegend ausführen.

- Machen Sie es sich bequem und halten Sie die Zungenspitze für die Dauer der Übung an Ihren Gaumen, hinter dem oberen Zahnbogen.
- Atmen Sie vollständig durch den Mund aus und machen Sie dabei ein befreiendes "Whoosh"-Geräusch.
- Schließen Sie den Mund und atmen Sie bis zu 4 Sekunden lang leise durch die Nase ein.
- Halten Sie den Atem bis zu 7 Sekunden lang an.
- Atmen Sie vollständig durch den Mund aus und machen Sie dabei ein "Whoosh"-Geräusch, bis Sie bis acht gezählt haben.

Der Atem des Löwen

Der Löwenatem, oder *Simhasana* in Sanskrit, ist eine uralte Übung, bei der Sie Ihre Zunge herausstrecken und wie ein Löwe brüllen. Es kann helfen, die Gesichts- und Kiefermuskeln zu entspannen, Stress abzubauen und die Herz-Kreislauf-Funktion zu verbessern. Führen Sie die Übung am besten in einer bequemen, sitzenden Position aus, indem Sie sich leicht nach vorne beugen und die Hände auf den Knien oder auf dem Boden ablegen.

- Legen Sie Ihre Hände auf Ihre Knie und atmen Sie tief durch die Nase ein. Öffnen Sie dabei Ihre Finger.
- Öffnen Sie den Mund weit, und atmen Sie aus, während Sie Ihre Zunge rausstrecken. Machen Sie beim Ausatmen ein "Ha", das tief aus dem Inneren Ihres Bauches kommt.
- Atmen Sie einige Augenblicke lang normal und wiederholen Sie den Löwenatem bis zu sieben Mal.

Achtsames Atmen

Bei der Achtsamkeitsmeditation geht es darum, sich auf Ihre Atmung zu konzentrieren und Ihre Aufmerksamkeit auf die Gegenwart zu lenken, ohne Ihre Gedanken schweifen zu lassen. Wählen Sie einen beruhigenden Fokus, z.B. einen Klang ("Om"), ein positives Wort ("Frieden") oder einen Satz ("Ruhe einatmen, Spannung ausatmen"), den Sie beim Ein- und Ausatmen still wiederholen. Lassen Sie los und entspannen Sie sich. Wenn Sie bemerken, dass Ihre Gedanken abschweifen, atmen Sie tief durch und bringen Sie Ihre Aufmerksamkeit sanft zurück in den gegenwärtigen Moment.

Atmung mit geschlossenen Lippen

Die Atmung mit geschlossenen Lippen ist eine einfache Atemtechnik, die hilft, tiefe Atemzüge langsamer und konzentrierter zu machen. Forschungen haben ergeben, dass diese Technik vor allem Menschen zugutekommt, die unter Angstzuständen im Zusammenhang mit Lungenerkrankungen wie Emphysem und chronisch obstruktiver Lungenerkrankung (COPD) leiden.

- Setzen Sie sich in eine bequeme Position und entspannen Sie Nacken und Schultern.
- Halten Sie den Mund geschlossen und atmen Sie langsam zwei Sekunden lang durch die Nasenlöcher ein.
- Atmen Sie vier Sekunden lang durch den Mund aus und spitzen Sie dabei die Lippen, als ob Sie einen Kuss geben würden.
- Halten Sie Ihre Atmung beim Ausatmen langsam und gleichmäßig.
- Um das richtige Atemmuster zu erreichen, empfehlen Experten, vier bis fünf Mal am Tag die Atmung mit geschlossenen Lippen zu üben.

Resonanzatmung

Die Resonanzatmung oder kohärente Atmung kann Ihnen sehr dabei helfen, in einen entspannten Zustand zu gelangen und Ängste abzubauen. Die Umsetzung in die Praxis ist sehr einfach:

Legen Sie sich hin und schließen Sie die Augen.

Atmen Sie sanft durch die Nase ein, mit geschlossenem Mund, und zählen Sie bis sechs Sekunden. Füllen Sie Ihre Lungen nicht zu sehr mit Luft.

Atmen Sie sechs Sekunden lang aus und lassen Sie die Luft langsam und sanft aus Ihrem Körper strömen.

Fahren Sie bis zu 10 Minuten fort.

Nehmen Sie sich danach noch ein paar Minuten Zeit, um zu entspannen und sich auf die Empfindungen in Ihrem Körper zu konzentrieren.

Einfache Atemübung

Diese Übung können Sie ganz einfach so oft durchführen, wie Sie es brauchen. Sie können es im Stehen, Sitzen oder Liegen machen. Wenn Sie diese Übung als unangenehm empfinden, brechen Sie die Sitzung ab. Sie können es in ein oder zwei Tagen erneut versuchen.

Atmen Sie langsam und tief durch Ihre Nase ein. Halten Sie Ihre Schultern entspannt. Ihr Bauch sollte sich ausdehnen und Ihre Brust sollte sich kaum heben.

Atmen Sie langsam durch den Mund aus. Wenn Sie die Luft ausatmen, spitzen Sie Ihre Lippen leicht, aber halten Sie Ihren Kiefer entspannt. Beim Ausatmen können Sie natürlich einen leichten Laut von sich geben.

Wiederholen Sie diese Atemübung. Führen Sie sie mehrere Minuten lang aus, bis Sie sich besser fühlen.

Sehr ängstliche Menschen können anfangs eine Zunahme Ihrer Angst verspüren, wenn sie diese Übung durchführen. Das kann an der Angst liegen, die durch die Konzentration auf die Atmung verursacht wird. Denken Sie also daran, dass die Fähigkeit mit der Erfahrung kommt. Konzentrieren Sie sich auf die Ausführung und vertrauen Sie auf den natürlichen Fortschritt.

Wie 'normale' Atmung zu Angstzuständen beitragen kann

Wenn Sie ängstlich sind, neigen Sie zu schnellen, flachen Atemzügen, die direkt aus dem Brustkorb kommen. Diese Art der Atmung, die Thorax- oder Brustatmung genannt wird, führt zu einer Umwälzung des Sauerstoff- und Kohlendioxidgehalts in Ihrem Körper, was zu einer erhöhten Herzfrequenz, Schwindel, Muskelverspannungen und anderen unangenehmen körperlichen Empfindungen führt. Das Blut wird nicht richtig mit Sauerstoff versorgt und dies kann vom Geist als Stresssignal wahrgenommen werden, was zu Angst, Überdenken und geistigem sowie körperlichem Unwohlsein führt.

Im Gegensatz dazu stimuliert die Zwerchfellatmung oder tiefe Atmung den Parasympathikus, einen Teil des peripheren Nervensystems, der für die Regulierung von Herzschlag, Blutfluss, Atmung und Verdauung verantwortlich ist. Tiefes Atmen hilft daher, die *"Kampf-oder-Flucht"*-Reaktion (eine akute Stressreaktion) auf geistig oder körperlich anstrengende Situationen zu vermeiden.

Thorakale oder abdominale Atmung

Die meisten Menschen sind sich nicht wirklich bewusst, wie sie atmen, aber im Allgemeinen können wir zwei Atemmuster erkennen:

- **Zwerchfellatmung (Bauchatmung):** Diese Art der Atmung ist tief und gleichmäßig und ermöglicht es den Lungen, Luft zu sammeln, indem sie sich ausdehnen und einen Unterdruck erzeugen, der die Luft durch Nase und Mund nach außen drückt. Das ist unter anderem die Art, wie Säuglinge atmen. Wahrscheinlich übernehmen Sie dieses Atemmuster auch während der Tiefschlafphase.

- **Brustkorbatmung:** Diese Art der Atmung kommt aus dem Brustkorb und beinhaltet kurze, schnelle Atemzüge. Wenn Sie ängstlich sind, sind Sie sich vielleicht nicht einmal bewusst, dass Sie auf diese Weise atmen. Am einfachsten können Sie Ihr Atemmuster bestimmen, indem Sie eine Hand auf Ihren Oberbauch, nahe Ihrer Taille, und die andere in die Mitte Ihrer Brust legen. Achten Sie beim Atmen darauf, welche Hand sich höher erhebt.

Wenn Sie richtig geatmet haben, sollte sich Ihr Bauch bei jedem Atemzug ausdehnen und zusammenziehen (*und die Hand darauf sollte sich stärker heben*). Es ist besonders wichtig, sich dieser Unterschiede in Zeiten von Stress bewusst zu sein, wenn Sie eher zur Brustatmung neigen. Damit die tiefe Atmung funktioniert, ist es wichtig, auf Ihren Körper zu hören und sich bewusst zu machen, wie sich Angst oder Stress auf Ihr tägliches Leben auswirken. Wenn Sie nach dem Üben der tiefen Atmung immer noch starke Angstzustände verspüren, sollten Sie einen Psychiater oder Arzt aufsuchen. Wenn Sie an einer Lungenerkrankung wie COPD oder Asthma leiden oder wenn Sie Schwierigkeiten beim Atmen haben, sprechen Sie mit Ihrem Arzt, bevor Sie eine der oben genannten Atemübungen ausprobieren.

An diesem Punkt stehen uns eine Reihe nützlicher Werkzeuge zur Verfügung, um den Geist zu beruhigen und Spannungen abzubauen. Die Wirksamkeit des achtsamen Atmens liegt darin, dass es überall und ohne besondere Einschränkungen praktiziert werden kann. Bevor ich fortfahre, möchte ich betonen, dass alle oben aufgeführten Übungen aufgrund ihrer Effektivität ausgewählt wurden; alles, was Sie machen müssen, ist, sie einfach in die Praxis umzusetzen. Nur so können Sie echte Verbesserungen erzielen. An diesem Punkt fragen Sie sich vielleicht: *"OK, nette Hilfsmittel, um die Angst zu bekämpfen, aber gibt es etwas, um zu verhindern, dass ich sie bekomme?"* OK, das ist fair. Der nächste Abschnitt ist ganz darauf ausgerichtet, Ihnen die beste Strategie zu zeigen, wie Sie Negativität aus Ihrem Leben verbannen und ein friedlicheres sowie unbeschwertes Leben führen können.

Die beste Strategie zur Beseitigung von Negativität in Ihrem Leben

Nur wenige Menschen verstehen oder wissen überhaupt, dass Glück eine Wahl ist. Die meisten Menschen denken, dass Glück einfach eine Reaktion ist, die durch bestimmte positive Ereignisse ausgelöst wird. Nun, ich war einer dieser Menschen. Ich glaubte, dass Glück durch Erfolg oder durch ein Ereignis zu meinen Gunsten entsteht. Also habe ich mir nie erlaubt, wirklich Freude zu empfinden, es sei denn, ich dachte, ich hätte sie verdient.

Dies führte bei mir zu viel Schmerz und Schuldgefühlen sowie wenig Selbstakzeptanz, weil ich nie dort ankam, wo ich dachte, dass ich sein sollte. Wenn Sie diesen Gedanken nachgeben, lassen Sie zu, dass Negativität in Ihr Leben eindringt. Sie beginnen, den Mut zu verlieren und Ihre Bemühungen zu schmälern. Sie fangen an, sich zu sagen: *"Ich werde glücklich sein, wenn ich X Geld verdiene"*, oder *"Ich werde glücklich sein, wenn ich bei der Arbeit befördert werde"*, oder mein absoluter Favorit: *"Ich werde glücklich sein, wenn ich so bin wie diese Person"*.

Dies sind nur einige der psychologischen Hindernisse, die uns davon abhalten, das Leben zu leben, das wir uns wünschen. Wenn Sie sich ständig einreden, dass Sie erst glücklich oder zufrieden sein können, wenn Sie etwas erreicht haben, lassen Sie zu, dass die Negativität Ihre Gedanken beherrscht. Es liegt in der menschlichen Natur, an allem herumzunörgeln und zu meckern. *Aber was wäre, wenn Sie in der Lage wären, sich zu ändern?*

Was wäre, wenn Sie, anstatt sofort alle Fehler und alles Negative zu erkennen, den Schalter umlegen und stattdessen lernen würden, das Gute hervorzuheben?

Wie würde sich Ihr Leben verändern, wenn Sie jeden Morgen aufwachen und sich bewusst dafür entscheiden würden, glücklich zu sein?

Wie wäre es, wenn Sie aufhören würden, auf gute Dinge zu warten, und sich einfach an dem erfreuen, was Sie bereits haben, und sich bewusst machen, dass Sie auf dem richtigen Weg zu mehr Erfolg in Ihrem Leben sind?

Was wäre, wenn Sie die Negativität in Ihrem Leben beseitigen und einfach... glücklich sein könnten?

In den nächsten Zeilen möchte ich mit Ihnen teilen, was ich für die beste Strategie gehalten habe, um mehr Positivität in mein Leben einzuladen. Es handelt sich um eine Reihe von "*bewährten Praktiken*" und Perspektivwechseln, die einen zuverlässigen und sicheren Weg zur Verbesserung bieten. Sind Sie bereit? Hier erfahren Sie, wie Sie lernen können, Negativität zu beseitigen und die glücklichste Version Ihrer selbst zu werden.

Streben Sie nach Freiheit

Eine Sache, die uns oft davon abhält, ein glückliches Leben zu führen, ist das Gefühl, begrenzt zu sein. Diäten sind unter anderem eine häufige Einschränkung, die Menschen sich selbst auferlegen. Wenn man sich ein Ziel für seinen Körperbau setzt, strebt man danach, ein bestimmtes 'Aussehen' oder Körpergewicht zu erreichen. Gesund zu sein, sollte zwar immer eine Priorität sein, aber für manche Menschen kann eine Diät oft negative Folgen haben. Vielleicht fühlen Sie sich niedergeschlagen, wenn Sie nicht die gewünschten Ergebnisse erzielen, oder Sie begrüßen die

Negativität, weil Sie denken, dass Sie sich nicht genug Mühe gegeben haben.

Wenn Sie eine Diät machen wollen, sollten Sie immer auf Nachhaltigkeit achten. Entscheiden Sie sich für das, was Sie langfristig durchhalten können, anstatt für sofortige Ergebnisse, die auf lange Sicht verblassen werden. Welcher Aspekt Ihres Lebens sich auch immer einschränkend anfühlt, sei es eine Diät oder eine Beziehung, entscheiden Sie sich für Freiheit statt für Einschränkung. Lassen Sie sich auf neue Möglichkeiten ein, anstatt sich vor neuen Entwicklungen zu verschließen.

Hören Sie auf, das Leben persönlich zu nehmen

Nicht jeder will Sie verletzen. Ich war schon immer ein sehr defensiver Mensch, auch weil ich nie das Gefühl hatte, viele Menschen auf meiner Seite zu haben. Ich war schon immer introvertiert und bin nicht mit vielen Freunden aufgewachsen, was dazu geführt hat, dass ich extrem sensibel auf Menschen reagiere, die eine andere Sichtweise als ich haben.

Vor kurzem habe ich gehört, dass wir, wenn wir andere beurteilen, eigentlich etwas über uns selbst sagen. Anstatt immer zu denken, dass jeder Mensch mit einer anderen Meinung versucht, Ihnen in die Quere zu kommen, lernen Sie, dass nicht jeder so aufgewachsen ist wie Sie. Nicht jeder liest die gleichen Bücher, sieht die gleichen Filme und hört die gleichen Geschichten. Jeder hört anders zu. Jeder erlebt, fühlt und versteht die Dinge auf seine eigene Art und Weise. Und nur weil ihre Sichtweise nicht mit der Ihren übereinstimmt, bedeutet das nicht, dass mit Ihnen oder ihnen etwas nicht stimmt. Es bedeutet nur, dass Sie unterschiedlich sind, und es ist zu 100 Prozent in Ordnung, Unterschiede zu haben. Schließlich sind es diese Unterschiede, die unsere Einzigartigkeit ausmachen. Wenn Sie lernen, dies zu akzeptieren, werden Sie sich freier und verständnisvoller fühlen und nicht mehr alles für bare Münze nehmen.

Setzen Sie Ziele und verfolgen Sie sie

Wenn Sie sich an der Person orientieren, die Sie werden wollen, werden Sie nicht nur besser werden, sondern auch besser sein. Es ist wichtig, Ziele und Ambitionen zu haben und nach etwas zu streben. Es ist auch wichtig, eine Route zu haben, um zu wissen, wohin Sie in Ihrem Leben gehen wollen. Sie werden nie genau wissen, wo Sie am Ende landen werden, aber wenn Sie sich Ziele gesetzt haben, können Sie sich einen Überblick darüber verschaffen, was Sie unternehmen müssen, um dorthin zu gelangen, wo Sie hinwollen. In meinem Fall hat mir die Identifizierung der Art von Person, die ich werden wollte und für die ich bekannt sein wollte, wirklich geholfen zu verstehen, welche Maßnahmen ich ergreifen sollte. Sobald Sie dazu in der Lage sind, werden Sie beginnen, alle unnötigen Dinge aus Ihrem Leben zu streichen. Abschließend können Sie die Dinge, die Ihren Zielen nicht dienlich sind, die Dinge, die Ihrem Leben in Bezug auf Ihr Wohlbefinden keinen Mehrwert verleihen, langsam streichen.

Sie sind die Gesellschaft, mit der Sie sich am meisten umgeben

Menschen können Ihnen Ihre Energie rauben. Wählen Sie die Menschen, mit denen Sie Ihre Zeit verbringen, sorgfältig aus. Jedes Element in Ihrem Leben sollte Ihnen mehr Freude bringen und nicht etwas tun, das diese Freude untergräbt. Setzen Sie auf Qualität, nicht auf Quantität. Die Menschen in Ihrem Leben sollten Sie nicht auslaugen, die Arbeit, die Sie haben, sollte Sie inspirieren, die Dinge, die Sie tun, sollten Ihnen ein gutes Gefühl geben. Ziehen Sie Bilanz über Ihr Leben und fragen Sie sich: "Bringt das etwas in meinem Leben?" Die Menschen, mit denen Sie zu tun haben, sollten Ihr Leben bereichern, so wie Sie das Leben der Menschen bereichern, mit denen Sie zu tun haben.

Machen Sie einen digitalen Entzug

Die sozialen Medien sind der Inbegriff der modernen Kultur. Und sie sind auch Orte, an denen jeder die besten Versionen seiner selbst zeigt. Ja, OK, ich weiß, was Sie jetzt denken. Ich kann es Ihnen nicht verübeln. Sie sind eine großartige Möglichkeit, mit Freunden und Angehörigen in Kontakt zu treten, aber sie sind auch ein wahres Spiegelkabinett, das oft zu dysfunktionalen Vergleichen führt. Höchstwahrscheinlich ist Ihr Feed voll von skulpturalen Schildkröten-Influencern und Sie verbringen sicherlich unbewusst (*manchmal bewusst*) Zeit damit, Ihr Aussehen mit dem der anderen zu vergleichen. Gönnen Sie sich eine Entgiftung von all dem, um mehr Ausgeglichenheit zu erlangen. Es wird Ihnen ein Gefühl der Klarheit geben und Ihnen ermöglichen, sich daran zu erinnern, was in Ihrem Leben wirklich wichtig ist.

Denken Sie daran, dass Sie in den sozialen Medien nur 10 Prozent des Lebens der Menschen sehen, und zwar die 10 Prozent, die sie Ihnen zeigen wollen. Sie denken vielleicht, dass Kylie Jenner ein großartiges Leben hat, weil sie eine schöne Villa und einen tollen Körper hat, aber Sie wissen nicht, was die anderen 90 % ihres Tages abseits der Kamera abläuft. Es geht um Ausgewogenheit. Legen Sie gelegentlich eine Pause ein, oder besser noch, folgen Sie nicht den Konten, die Sie häufiger zum Nachdenken bringen.

Rituale zur Selbsthilfe

Wenn Sie kleine Rituale zur Selbsthilfe entwickeln, können Sie sich bewusster machen, wie Sie sich fühlen und was Sie stört. Manchmal brauchen Sie einfach eine Pause. Sie können nicht immer positiv sein, Sie können nicht immer auf dem Höhepunkt Ihrer Energie sein. Wenn Sie gestresst, müde und verbittert sind, sollten Sie sich unbedingt etwas Zeit nehmen, um Ihre Nerven zu beruhigen, Ihren Geist zu klären und Ihren Körper zu entspannen. Aber Vorsicht: Selbstfürsorge muss nicht auf Kosten des Fortschritts gehen. Sie kann durch all die kleinen Dinge gefördert werden, die Ihnen Freude bereiten. Gehen Sie morgens spazieren, trinken Sie eine heiße Tasse Kaffee in Ihrem Lieblingscafé, lesen Sie ein gutes Buch, das Ihnen Spaß macht, bereiten Sie ein Abendessen zu, tun Sie die Dinge, die Ihnen guttun.

Freundlichkeit zeigen

Wir alle sind ständig in unserem geschäftigen Leben und unseren frustrierenden Problemen gefangen. Aber denken Sie an eines: Wenn es anderen gut geht, geht es auch Ihnen gut. Seien Sie deshalb freundlich zu allen. Seien Sie freundlich zu Fremden, zu Ihren Freunden, zu Ihrer Familie. Menschen brauchen immer andere Menschen. Durch Ihre Liebsten können Sie sinnvolle Verbindungen aufbauen und Beziehungen pflegen, die Ihnen ein gutes Gefühl geben und Sie in Zeiten der Not unterstützen können.

Eliminieren Sie negatives Denken

Das Herunterkommen ist einer der schwersten Felsbrocken, den Sie überwinden müssen, wenn Sie die Negativität loswerden wollen. Würden Sie Ihrem besten Freund jemals sagen, dass er hässlich ist? Oder dass er erfolglos ist? Oder dass er nicht engagiert genug ist? Nein? Warum sollten Sie sich das dann selbst einreden?

Es ist wichtig, dass Sie sich des Geschwätzes Ihres Geistes bewusst sind und wissen, wie es Ihre Gefühle und Ihr Verhalten beeinflusst. Modulieren Sie das, was die Briten 'negative Selbstgespräche' nennen, mit anregenden und ermutigenden Sätzen. Sie haben die Macht, Ihre Stimmung zu ändern, Sie haben die Macht, Ihr Denken zu ändern. Sie haben die volle Kontrolle über sich selbst und Sie müssen anfangen, diese Macht zu Gunsten Ihres eigenen Wohlbefindens zu nutzen.

Drücken Sie sich aus

Negativität entsteht oft, wenn Sie sich nicht erlauben, mit Ihren Gefühlen ins Reine zu kommen. Dinge unter den Teppich zu kehren, bringt Ihnen nur noch mehr Ärger. Die bewusste Entscheidung, glücklich zu sein, wird nicht alle negativen Emotionen in Ihrem Leben beseitigen, und tief im Inneren wollen Sie das auch gar nicht.

Sie möchten wahrscheinlich einfach nur lernen, mit diesen Emotionen auf gesunde Weise umzugehen, oder? Sie möchten sie nicht ganz loswerden.

Nun, finden Sie Ihr kreatives Ventil und nutzen Sie es. Ich persönlich mag es, morgens aufzuwachen und eine Seite in meinem Tagebuch auszufüllen, um das zu machen, was meine liebe Mutter *'The Point'* zu nennen pflegte. Ich mache eine Bestandsaufnahme meiner Gefühle in diesem Moment, analysiere, wie ich mich am

Vortag gefühlt habe, was mich gestört hat, welche Probleme ich ansprechen sollte und welche Maßnahmen ich ergreifen kann, um mich besser zu fühlen. Schreiben ist für mich ein Ventil. Eine Möglichkeit, die Dinge mitzuteilen, die ich nicht sagen konnte. Letztendlich empfehle ich Ihnen, Ihre eigene Ausdrucksform zu finden und sie jeden Tag zu nutzen, um den Druck des Alltags zu lindern.

Lernen Sie, dankbar zu sein

Tägliches Üben von Dankbarkeit kann Ihr geistiges und körperliches Wohlbefinden erheblich steigern, denn es kann Ihre Energie transformieren und Ihre Wünsche für ein größeres Gefühl der Sicherheit während des Tages nutzen. Denken Sie darüber nach: Wenn Sie ständig negativ gestimmt sind und sich wünschen und hoffen, dass gute Dinge und Erfolg Sie fast zufällig treffen, werden Sie all die guten Dinge, die Sie bereits haben, nicht erkennen. Sie werden anfangen zu glauben, dass Sie nichts in Ihrem Leben haben, was Ihnen Freude bereitet.

Konzentrieren Sie sich auf die Dinge, die Sie bereits in Ihrem Leben haben und die Sie glücklich machen. Viele Menschen befürchten, dass Dankbarkeit für das, was Sie derzeit haben, Sie daran hindert, mehr zu erreichen. Sie glauben, dass zufrieden zu sein bedeutet, sich mit Mittelmäßigkeit zufriedenzugeben.

In Wirklichkeit erlaubt Ihnen die Praxis der Dankbarkeit einfach, die Fülle in Ihrem Leben wahrzunehmen. Dadurch fühlen Sie sich glücklicher und sind sich Ihrer selbst bewusster. Oprah Winfrey selbst - eine berühmte US-amerikanische Persönlichkeit des öffentlichen Lebens - führt ein Dankbarkeitstagebuch, das sie oft zu Rate zieht. Dies sind ihre Worte über die Bedeutung der Dankbarkeit: "*Gelegenheiten, Beziehungen und sogar Geld kamen in mein Leben, als ich lernte, unabhängig von den Ereignissen dankbar zu sein"*.

Letztendlich ist der Moment, in dem Sie anfangen, all die Dinge zu erkennen, für die Sie dankbar sind, der Moment, in dem Sie aufhören, sich über all die Dinge Gedanken zu machen, von denen Sie glauben, dass sie Sie glücklicher machen würden.

KAPITEL 5
KOGNITIVE
UMSTRUCKTURIERUNG

Marco hat gerade einen Bericht an seine Chefin Angela abgeliefert. Sie liest ihn, dankt ihm für seine Arbeit und listet eine Reihe von kritischen Punkten auf. Unglücklicherweise trifft einer dieser Kommentare einen 'Nerv' bei Marco, der verärgert und wütend in sein Büro zurückkehrt.

Marco weiß, dass er über diesen Moment hinwegkommen muss. Also beschließt er, sich ein paar Minuten Zeit zu nehmen, atmet tief durch und schreibt zwei Zeilen darüber, warum er sich von Angela angegriffen fühlte. Dann erinnert er sich, dass die Qualität der Arbeit Angela angenehm beeindruckt hat und dass er seine Karriere vorantreiben möchte. Schließlich hat ihm die Arbeit an dem Projekt auch Spaß gemacht und letztendlich weiß er, dass er genug riskiert hat. Nachdem er sich etwas Zeit genommen hat, die Situation zu überdenken, ist Marco nicht mehr wütend. Er rief Angela an, um sich für seine Reaktion zu entschuldigen und nutzte dann ihre Vorschläge, um die Beziehung zu verbessern.

In dieser Situation nutzte Marco die kognitive Umstrukturierung, um negative und reaktive Gedanken zu überwinden. Kognitive Umstrukturierung ist nichts anderes als eine berühmte Technik zur Identifizierung und Überwindung negativer Gedankenmuster wie Sorgen und Grübeln. Haben Sie oft das Gefühl, in Ihrem Kopf festzustecken und in endlosen Spiralen negativer Gedanken gefangen zu sein?

Vielleicht liegt es an einer übermäßig wertenden inneren Stimme, die ständig vergangene Fehler und vermeintliche Unzulänglichkeiten hervorhebt. Oder vielleicht ist es die ständige Beschäftigung mit der Zukunft und der Vergleich mit anderen Menschen. Für viele von uns sind negative Gedankenmuster die Ursache für enormes emotionales Leid und Unglücklichsein. Sie sind die Schlüsselfaktoren für Depressionen und Angstzustände. Und obwohl negatives Denken völlig automatisch und jenseits unserer Kontrolle zu sein scheint, können Sie mit der richtigen Übung und den richtigen Techniken lernen, Ihre gewohnte Denkweise umzuprogrammieren und sich von der Last des negativen Denkens zu befreien. In diesem Kapitel werde ich Ihnen die genaue Definition der kognitiven Umstrukturierung erläutern, wie sie praktiziert wird und welche Vorteile sie hat. Dann werden wir Ihnen Schritt für Schritt erklären, wie Sie mithilfe der kognitiven Umstrukturierung Ihre negativen Gedankenmuster erkennen, verändern und sich schließlich von ihnen befreien können. Sind Sie bereit? Fangen wir an.

Was ist kognitive Umstrukturierung?

Die kognitive Umstrukturierung ist eine grundlegende Technik der kognitiven Verhaltenstherapie, dem Ansatz, der wissenschaftlich gesehen am effektivsten für die Behandlung von psychischen Problemen wie Angst und Depression ist. Und obwohl die kognitive Umstrukturierung zur Behandlung solcher Erkrankungen weitverbreitet ist, kann sie für jeden, der mit übermäßig negativen oder selbst verurteilenden Denkmustern zu kämpfen hat, ebenso nützlich sein.

Die kognitive Umstrukturierung basiert auf dem Prinzip der kognitiven Mediation. Dieses Konzept besagt, dass unsere Gefühle nicht das Ergebnis dessen sind, was uns widerfährt, sondern das

Ergebnis dessen, wie wir über das Geschehene denken. Das bedeutet, dass wir unsere Gefühle ändern können, indem wir die Art und Weise ändern, wie wir uns auf ein bestimmtes Ereignis beziehen. Hier ist ein einfaches Beispiel:

Eines Abends, bevor ich ins Bett ging, surfte ich auf Facebook und bemerkte einen Beitrag meiner besten Freundin, der zeigte, wie viel Spaß sie mit einem gemeinsamen Freund von uns hatte. Ich war sofort traurig und ein wenig wütend, denn ich hatte am Vortag eine schöne Zeit mit ihr verbracht, aber ich hatte keinen einzigen Beitrag darüber gesehen. Ehe ich mich versah, dachte ich über all die Gründe nach, warum meine beste Freundin vielleicht doch nicht die Person ist, für die ich sie gehalten habe, und dass ich wahrscheinlich die Freundschaft beenden will. Ich fühlte mich den ganzen Abend glücklich, und innerhalb von drei Minuten war ich von Angst und Niedergeschlagenheit geplagt.

Die kognitive Umstrukturierung hätte einer solchen Person geholfen, das Erlebte zu verarbeiten, indem sie ihr gezeigt hätte, wie sie das Geschehene einordnen und ihre ursprünglichen Gedanken ändern kann.

Was ist passiert? In unserem Beispiel stellt die Person fest, dass der Facebook-Post der Auslöser für das Unbehagen war.

Was waren die ersten Gedanken? Nehmen wir an, dass die Person zwei Anliegen hatte: *Warum hat sie gestern nicht von unserem Tag gepostet? Mit mir hat sie wohl nicht so viel Spaß gehabt!*

Was waren die ersten Emotionen? Unser Beispiel war zunächst primär wütend und ging dann über zu Gefühlen der Enttäuschung und des Grolls. *Können Sie alternative Wege finden, um über das Geschehene nachzudenken?* Vielleicht hat sie den Tag gemeinsam gepostet, aber aufgrund des Algorithmus von Facebook nicht gesehen. Oder es stimmt, dass sie nichts über Ihren gemeinsamen

Tag gepostet hat, aber das bedeutet nicht, dass sie keinen Spaß hatte. Etc.

Wie fühlen Sie sich jetzt? Nachdem die Person diese alternativen Gedanken über das Geschehene entwickelt hat, mag sie immer noch ein wenig aufgebracht sein, aber definitiv nicht mehr so traurig wie zuvor.

Warum ist das so effektiv?

Lassen Sie uns einen Blick darauf werfen, wie die kognitive Umstrukturierung funktioniert, indem sie uns ermutigt, einen definierten Prozess anzuwenden, wenn wir verärgert sind und versuchen, uns von negativen Gedanken zu befreien:

- **Sie hilft uns, uns geistig zu organisieren.** Genauso wie das Anfertigen einer Aufgabenliste uns hilft, uns besser zu organisieren und weniger überfordert zu fühlen, wenn wir an einem großen Projekt arbeiten, hilft uns die kognitive Umstrukturierung, uns besser zu fühlen, indem wir unseren "geistigen Raum" besser organisieren.
- **Sie zwingt uns, langsamer zu werden.** Jeder negative Gedanke führt zu einer entsprechenden "Dosis" negativer Emotionen. Wenn Sie Ihr Denken verlangsamen und sich weniger Sorgen machen können, werden Sie weniger Emotionen erleben und stabiler sein.
- **Sie hilft uns, bewusster zu sein.** Gedanken können automatisch emotionale Reaktionen auslösen. Die kognitive Umstrukturierung hilft uns, unsere mentalen Gewohnheiten zu erkennen und uns ihrer bewusst zu werden, was ein wesentlicher Schritt ist, um zu handeln.
- **Sie gibt uns ein Gefühl der Kontrolle.** Indem wir feststellen, dass unsere Standard-Denkmuster nur eine

Gewohnheit sind, und uns dazu verpflichten, alternative Gedanken zu entwickeln, wandeln wir etwas so scheinbar unkontrollierbares wie geistige Aktivitäten um, sodass wir ein gutes Maß an Kontrolle darüber ausüben können.

- **Sie hilft uns, klarer und rationaler zu denken.** Indem sie uns ermutigt, unsere Denkweise zu hinterfragen und zu überprüfen, hilft uns die kognitive Umstrukturierung, die Fehler in unserer instinktiven Denkweise aufzudecken.
- **Sie hilft uns, zu denken, statt zu reagieren.** Wenn wir wütend sind, ist es ganz natürlich, dass wir reagieren - uns mehr Sorgen machen, noch ein Bier aufmachen, uns mit YouTube ablenken, usw. Abgesehen von den negativen Gewohnheiten, die unsere 'emotionalen Löcher' füllen, wenn wir verärgert sind, berauben wir uns selbst der Möglichkeit, unseren eigenen Geist besser zu verstehen, indem wir immer reagieren, ohne nachzudenken. Was natürlich wichtig ist, wenn wir wollen, dass es besser funktioniert.
- **Sie unterbricht schlechte mentale Gewohnheiten.** Wir können geistige Gewohnheiten (wie z.B. sich Sorgen zu machen) ebenso leicht entwickeln wie körperliche Gewohnheiten, wie z.B. das Verdrehen unserer Haare oder das Beißen auf die Lippen. Der Schlüssel zum Durchbrechen dieser Gewohnheiten liegt darin, dass wir bemerken, wenn wir damit beginnen, und sie durch ein anderes Verhalten ersetzen. Die kognitive Umstrukturierung tut genau das: Sie zwingt uns, schlechte geistige Gewohnheiten zu bemerken und sie durch bessere zu ersetzen.

Dies sind nur einige der geistigen Fähigkeiten, die wir mit Hilfe der kognitiven Umstrukturierung entwickeln können. Im nächsten

Abschnitt finden Sie eine schrittweise Erklärung, wie Sie sie erfolgreich in die Praxis umsetzen können.

Schritt-für-Schritt-Strategie der kognitiven Umstrukturierung

Nachdem wir nun ein wenig darüber gesprochen haben, was die kognitive Umstrukturierung ist und wie sie funktioniert, ist es an der Zeit, in die Details der praktischen Umsetzung einzutauchen. Eine kurze Anmerkung, bevor wir beginnen: Wie beim Training auf dem Laufband oder beim Üben von Akkorden auf der Gitarre liegt die Kraft der kognitiven Umstrukturierung in der konsequenten Anwendung über einen längeren Zeitraum. Es reicht nicht aus, das Prinzip einfach nur zu begreifen oder es gelegentlich anzuwenden. Damit die kognitive Umstrukturierung eine signifikante Wirkung auf Ihr Leben hat, muss sie konsequent durchgeführt werden, damit sie zur Gewohnheit wird. Im Folgenden finden Sie die 6 grundlegenden Schritte, die Sie befolgen müssen, um die kognitive Umstrukturierung in die Praxis umzusetzen.

Schritt 1: Innehalten.

Die kognitive Umstrukturierung kann in vielen Situationen nützlich sein. Der beste Zeitpunkt für den Einsatz ist jedoch, wenn Sie bemerken, dass Sie eine starke negative emotionale Reaktion auf ein bestimmtes Ereignis erleben, insbesondere wenn Ihre Reaktion in keinem Verhältnis zu dem Geschehen zu stehen scheint. Unsere typische Art, auf eine plötzliche Welle negativer Gefühle zu reagieren, ist es, instinktiv zu handeln:

- Sich wütend fühlen → Angriff
- Sich ängstlich fühlen → verkriechen

- Sich traurig fühlen → ein Bier trinken

Eine gute Alternative, um dem entgegenzuwirken, ist es, eine plötzliche starke Emotion als Weckruf zum *'Innehalten'* zu nutzen. Wenn Sie eine kurze Pause gemacht haben, fragen Sie sich: *Was ist los?* Wenn es uns gelingt, unsere instinktive Reaktion auf negative Gefühle zu unterdrücken und mit einer Haltung der Neugierde an die Sache heranzugehen, steigen unsere Chancen auf einen intelligenten Umgang mit der Situation dramatisch.

Schritt 2: Identifizieren Sie den Auslöser.

Sobald Sie das plötzliche Auftreten einer starken negativen Emotion mit dem Bedürfnis verbunden haben, sich ein paar Minuten Zeit zum Nachdenken zu nehmen, besteht der nächste Schritt darin, herauszufinden, welches kritische Ereignis Ihre Reaktion ausgelöst hat. Ein auslösendes Ereignis ist oft etwas, das in unserer äußeren Umgebung passiert: Ein Kollege macht eine sarkastische Bemerkung, unser Ehepartner wirft uns einen bösen Blick zu, ein Auto schneidet uns den Weg ab, usw.

Aber auch Ereignisse in unserer inneren Umgebung - d.h. im Kopf - können als Auslöser wirken: Denken Sie an einen bestimmten Moment, den wir vergessen haben, zu erwähnen, ein negatives Feedback vom Chef, eine Erinnerung an einen kürzlich verstorbenen Freund usw. Um das auslösende Ereignis in einer bestimmten Situation zu identifizieren, verwenden Sie wer, was, wann, wo:

Wer ist oder war in dem Moment bei mir, als ich wütend wurde? Da wir von Natur aus soziale Tiere sind, spielen Menschen normalerweise eine direkte oder indirekte Rolle bei unseren emotionalen Reaktionen.

Was ist passiert? *Was ist eigentlich passiert, bevor ich mich aufgeregt habe?* Denken Sie daran, dass alle Details - auch die scheinbar unbedeutenden - Aufmerksamkeit verdienen. Der Auslöser muss nicht unbedingt etwas Offensichtliches sein - meistens ist es etwas Kleines und Subtiles.

Wann habe ich angefangen, mich zu ärgern? *Was geschah unmittelbar davor?* Diese Frage ist besonders wichtig, wenn Sie die kognitive Umstrukturierung Stunden oder Tage nach dem zu analysierenden Ereignis durchführen.

Wo ist es passiert? Oft sind die Auslöser Teil Ihrer Umgebung oder stehen in irgendeiner Weise mit ihr in Verbindung.

Schritt 3: Notieren Sie Ihre automatischen Gedanken.

Automatische Gedanken sind vordefinierte Interpretationen dessen, was um uns herum geschieht. Sie sind fast immer spontan (d.h. *wir haben sie nicht selbst erzeugt*) und haben typischerweise die Form von verbalen Selbstgesprächen oder manchmal auch von Bildern und Erinnerungen. Wenn Ihnen zum Beispiel jemand beim Autofahren den Weg abschneidet, könnte der automatische Gedanke sein: *"Was für ein Idiot! Wo hat der denn seinen Führerschein gemacht?"* Oder wenn Sie spät nachts eine E-Mail von Ihrem Chef sehen, denken Sie eventuell automatisch: *"Oh nein, was ist los? Ich muss etwas vergessen haben."* Oder vielleicht löst der Anblick eines Plakats eines Bestattungsunternehmens eine Erinnerung an die Beerdigung Ihrer Mutter aus - wie es war, wie Sie sich gefühlt haben, usw. Wir alle erleben automatische Gedanken in unserem täglichen Leben.

Und die meiste Zeit bemerken wir sie gar nicht oder sind uns ihrer nur vage bewusst. Wenn wir über kognitive Umstrukturierung sprechen, ist es wichtig, dass wir uns unserer automatischen Gedanken bewusst werden und sie eingehend analysieren.

Schritt 4: Erkennen Sie Ihre emotionale Reaktion und wie intensiv sie ist.

Wir haben gesehen, wie Emotionen auf der Grundlage unserer Interpretation von Ereignissen erzeugt werden. Die Art und Intensität der Emotionen hängen dagegen fast ausschließlich von der Art des Denkens ab, mit dem wir uns beschäftigen. Nehmen wir etwa das obige Beispiel, dass Sie beim Autofahren abgeschnitten werden: Wenn Ihr Gedanke "Was für ein Idiot!" lautet, sind Sie höchstwahrscheinlich wütend. Wenn Ihr Gedanke hingegen lautet: *"Dieser Mistkerl! Was zum Teufel denkt er sich dabei?"*, werden Sie wahrscheinlich eine noch stärkere Form von Wut empfinden, die vielleicht an Verzweiflung grenzt. Wenn Sie jedoch automatisch denken: *"Oh mein Gott, er hätte mich fast überfahren! Ich fahre 110 Km/h - ich hätte sterben können!"*. Es ist viel wahrscheinlicher, dass Sie etwas erleben, das der Angst viel näherkommt als der Wut. Abschließend ist es wichtig zu bedenken, dass Ihre emotionale Reaktion mehr als nur eine Emotion beinhalten kann. Wenn Ihr automatischer Gedanke war: *"Was für ein Idiot! Er hätte mich fast überfahren!"* Hätten Sie wahrscheinlich eine Mischung aus Wut und Angst empfunden. In diesem Fall ist es gut, beides zu beachten, aber in der Regel überwiegt eines von beiden. Bewerten Sie für jede identifizierte Emotion, wie intensiv sie war, auf einer Skala von 1 bis 10.

Schritt 5: Generieren Sie alternative Gedanken.

Sobald Sie einen Auslöser identifiziert, Ihre automatischen Gedanken erfasst und Ihre emotionale Reaktion notiert haben, besteht der nächste Schritt darin, alternative Gedanken für jeden der anfänglich automatischen Gedanken zu kreieren.

Nehmen wir das obige Beispiel mit dem Auto: Statt *"Oh mein Gott, es hätte mich fast erwischt! Ich fahre 100 km/h - ich hätte sterben können!"* Sie könnten einen alternativen Gedanken in Erwägung ziehen, wie etwa *"Wow, das war erschreckend! Ich war kurz davor, einen Unfall zu bauen, aber zum Glück habe ich es gut gemeistert."*

Oder statt *"Was für ein Idiot! Er hätte mich fast erwischt!"* könnten Sie etwas sagen wie: *"Vielleicht ist seine Frau in den Wehen und er eilt ins Krankenhaus?"*

In jedem Fall ist es wichtig, dass Sie flexibel sind und Alternativen zu Ihrer ersten automatischen Interpretation finden. Diese Praxis schafft geistige Flexibilität, eine Schlüsselkomponente für die Fähigkeit, sich von negativen Gedankenmustern und überwältigenden Emotionen zu lösen. Aber es gibt noch mehr. Es kann hilfreich sein, nicht nur mehr alternative Interpretationen oder Erklärungen für das Geschehene zu entwickeln, sondern auch offensichtliche Fehler in Ihren ursprünglichen Gedanken zu erkennen und alternative Gedanken zu entwickeln, die realistischer sind. Wenn Ihr automatischer Gedanke zum Beispiel lautet: *"Oh mein Gott, er hätte mich fast erwischt! Ich hätte sterben können!"* könnten Sie sich selbst darauf hinweisen, dass *"ich hätte sterben können"* alles andere als sicher ist, selbst wenn Sie einen Unfall gehabt hätten. Wenn Sie den Gedanken an den Tod durch die Überlegung ersetzen, dass Sie alles richtig gemacht haben, ist das viel motivierender und realistischer zugleich. Wenn möglich, erzeugen Sie mindestens zwei oder drei alternative Gedanken für jeden übermäßig negativen automatischen Gedanken.

Schritt 6: Bewerten Sie die Intensität Ihrer emotionalen Reaktion neu.

Nachdem Sie eine Reihe von (hoffentlich realistischeren) alternativen Gedanken gefunden haben, kehren Sie zu der/den Emotion(en) zurück, die Sie in Schritt 4 identifiziert haben, und bewerten Sie deren Intensität neu. Überwiegend werden sie sich erheblich verringern, wenn Sie Ihre automatischen Gedanken hinterfragen und alternative, realistischere Gedanken in Betracht ziehen. Dieser letzte Schritt ist entscheidend, damit Sie die Erleichterung Ihrer negativen Emotion bemerken und spüren, wie sie immer illusorischer wird. Es ist eine ausgezeichnete positive Verstärkung für die Entwicklung Ihrer neuen Gewohnheit der kognitiven Umstrukturierung. Mit anderen Worten, es ist sehr viel wahrscheinlicher, dass Sie an dieser Gewohnheit festhalten und langfristig davon profitieren, wenn Sie dadurch erreichen, dass sich Ihre emotionalen Reaktionen abschwächen.

Häufige Hindernisse bei der kognitiven Umstrukturierung

Bisher haben wir gesehen, was kognitive Umstrukturierung ist, warum sie nützlich ist und wie man sie genau durchführt. Doch bevor wir zum nächsten Kapitel übergehen, sollten Sie sich im Klaren sein, dass es nicht so einfach ist, sich die regelmäßige Durchführung kognitiver Umstrukturierungen anzugewöhnen. Zum Teil, weil oft verschiedene Hindernisse auftauchen und unsere besten Absichten zunichtemachen. Hier sind also die häufigsten Probleme mit kognitiver Umstrukturierung, auf die viele Menschen stoßen, wenn sie versuchen, diese Praxis in ihr tägliches Leben zu integrieren, zusammen mit einigen Überlegungen, wie man mit ihnen effektiv umgehen kann.

Nicht praktizierend

Einerseits scheint es offensichtlich: Damit die kognitive Umstrukturierung erfolgreich ist, muss sie geübt werden. Ich finde es jedoch erstaunlich, wie oft wir neue Dinge ausprobieren und erwarten, dass wir sofort Ergebnisse erzielen. Das Ziel der kognitiven Umstrukturierung ist es, die Art und Weise, wie wir negative Ereignisse gewohnheitsmäßig in unserem Kopf interpretieren, grundlegend zu ändern. Dies ist ein wichtiges Ziel. Und obwohl es durchaus möglich ist, eine solche Gewohnheit zu integrieren, erfordert der Prozess viel Übung und Ausdauer. Stellen Sie also sicher, dass Sie Ihre Erwartungen entsprechend anpassen.

Nicht daran denken zu üben

Selbst wenn man erkennt, dass die kognitive Umstrukturierung Übung erfordert, um erfolgreich zu sein, gibt es ein damit zusammenhängendes Problem, sich überhaupt daran zu erinnern zu üben. Trotz unserer besten Absichten bleiben neue Gewohnheiten oft auf der Strecke, weil wir keine zuverlässige Möglichkeit haben, uns daran zu erinnern, sie zu praktizieren. Es ist eine Herausforderung, die kognitive Umstrukturierung nicht zu vergessen, denn wir können sie nicht nur jedes Mal praktizieren, wenn wir einen freien Moment haben; stattdessen wäre es viel besser, sie unmittelbar nach einem Ereignis zu praktizieren, das uns aufregt.

Um dieses Problem umzukehren, könnten wir damit beginnen, die Dinge zu identifizieren, die wir normalerweise tun, nachdem wir uns aufgeregt haben (*eine Zigarette rauchen, uns für ein paar Minuten im Badezimmer einschließen, spazieren gehen*) und sehen, ob wir diese als Erinnerung zum Üben nutzen können. Wenn Sie zum Beispiel dazu neigen, Ihrem Ehepartner jedes Mal eine SMS zu schicken, wenn bei der Arbeit etwas Unangenehmes passiert, könnten Sie ihn bitten, Ihnen eine SMS zu schicken und Sie daran zu erinnern, mit der kognitiven Umstrukturierung zu beginnen. Oder nehmen wir an, dass Sie jedes Mal, wenn Sie sich mit Ihrem Ehepartner streiten und wütend werden, dazu neigen, in Ihr Zimmer zu verschwinden und an Ihrem Computer zu gehen. In diesem Fall könnte Ihnen eine Haftnotiz auf Ihrem Laptop mit der Aufschrift "Kognitive Umstrukturierung" helfen, sich an alles zu erinnern, was Sie machen müssen, um Ihren Kopf wieder zu sortieren.

Üben Sie in Ihrem Kopf

Dies ist essenziell (fast schon unerlässlich). Machen Sie keine kognitive Umstrukturierung einzig und allein in Ihrem Kopf, primär nicht, wenn Sie gerade erst anfangen. Indem Sie Dinge aufschreiben und sich auf ein Gedankenprotokoll beziehen, können Sie die grundlegenden Kenntnisse und Fähigkeiten entwickeln, die Sie für eine erfolgreiche kognitive Umstrukturierung benötigen.

Weiterhin hat die kognitive Umstrukturierung auf Papier (oder digital) einen zweiten großen Vorteil: Sie zwingt sie dazu, langsamer zu werden. Wir können nicht so schnell schreiben/tippen, wie wir denken können. Wenn wir also unsere Gedanken mit der Geschwindigkeit des Schreibens forcieren, verringern wir oft die Gesamtintensität unserer Qualen (denken Sie daran: Je mehr negative Gedanken Sie haben, desto mehr negative Gefühle werden Sie erleben).

Sie verbringen zu viel Zeit damit

Wenn Sie zu wenig Zeit mit der kognitiven Umstrukturierung verbringen, wird ihr Nutzen natürlich eingeschränkt, aber wenn Sie zu viel Zeit damit verbringen, könnte sich das auch als Problem erweisen. Viele Menschen verbringen zu viel Zeit in der Praxis, quälen sich mit kleinen Details und versuchen übergenau zu sein. Das Problem ist, dass ein solcher Ansatz nicht nachhaltig ist und diejenigen, die diesem Weg folgen, oft schnell "ausbrennen".

Eine gute Faustregel ist, dass die kognitive Umstrukturierung nicht länger als fünf oder zehn Minuten dauern sollte. Am Anfang könnte die Übung etwas länger dauern, je nachdem, wie komplex die Situation ist und wie vertraut Sie mit der Übung sind, aber im Allgemeinen sollte dies keine Aufgabe sein, der Sie ganze Nachmittage widmen.

Sie denken ausschließlich positiv

Eines der größten Missverständnisse über die kognitive Umstrukturierung ist, dass sie *'nur positives Denken'* bedeutet. In Wirklichkeit ist das überhaupt nicht der Fall. Das übergeordnete Ziel der kognitiven Umstrukturierung besteht nicht darin, positiver zu denken, sondern realistischer zu denken. Natürlich, wenn Sie gewohnt sind, unrealistisch negativ zu erzeugen, dann wird eine kognitive Umstrukturierung Sie dazu bringen, positiver zu denken. Aber das ist nur ein angenehmer Nebeneffekt, der übrigens viel effektiver ist als *'positives Denken'*.

Klingt zu simpel

Viele Menschen sind überzeugt, dass etwas so Einfaches wie die Änderung der Worte, mit denen sie zu sich selbst sprechen, keine signifikante Wirkung haben kann. Folglich tun sie es von vornherein ab. Mein Gegenargument ist einfach: *Was würde passieren, wenn Sie sich mit negativen Menschen umgeben würden, die Sie ständig beschimpfen und niedermachen?* Selbst wenn Sie wüssten, dass sie sich irren, würde Sie die ständige Flut an Negativität nerven. Die Lösung, um sich nicht mehr so schlecht zu fühlen, wäre, die Art der Menschen zu ändern, mit denen Sie Zeit verbringen (oder sie irgendwie dazu zu bringen, die Art und Weise zu ändern, wie sie mit Ihnen sprechen). *Ist es kontraproduktiv, mit meinen Gedanken zu 'kämpfen'? Sollte ich sie nicht einfach akzeptieren?*

Das vielleicht legitimste Hindernis für die kognitive Umstrukturierung ist die Vorstellung, dass es nicht immer eine gute Idee ist, sich mit unserem inneren Geplapper zu beschäftigen - selbst wenn wir versuchen, es realistischer zu gestalten. Und in der Tat, ich glaube, das ist wahr.

Die kognitive Umstrukturierung ist zwar oft hilfreich, aber sie ist nicht der einzige Weg, um mit negativen Gedanken und Selbstgesprächen umzugehen. Tatsächlich bevorzugen viele Menschen einen achtsamen Ansatz, bei dem sie negative Gedanken beobachten, ohne sich aktiv an ihrer "Zerstörung" zu beteiligen. Der Punkt ist, dass die kognitive Umstrukturierung ein Ansatz ist - und oft ein sehr wirkungsvoller -, aber wir sollten erkennen, dass es andere Übungen gibt, die je nach Kontext genauso oder sogar noch wirkungsvoller sein können. Eine davon wird im nächsten Abschnitt erläutert. Es ist ein weiteres äußerst wirksames Prinzip, um Ängste und Stress im Alltag abzubauen.

Die innere Landkarte der Realität

Haben Sie jemals einen dieser Gedanken gehabt?

"Warum verstehen sie mich nicht?" - "Warum hören sie nicht auf mich?" - "Das habe ich nicht gemeint!"

Erinnern Sie sich an etwas in der Art? Haben Sie sich gefragt, was sie sich dabei gedacht haben? Was ging ihnen dabei durch den Kopf? Wenn Sie nur diese andere Sichtweise haben könnten?

All diese Fragen hat sich Alfred Korsybski in seinem bekannten Werk mit dem Titel *Science and Sanity* gestellt. Wenn wir uns eine Karte des italienischen Straßennetzes ansehen, werden wir feststellen, dass alle Autobahnen blau eingefärbt sind. In Wirklichkeit handelt es sich meist um grauen Asphalt. Dieses triviale Beispiel führt zu der Schlussfolgerung: *Die Karte ist nur eine Darstellung dessen, was wirklich da ist.* Was Korsybski meinte, ist die Tatsache, dass wir die Welt durch unsere Sinne (Sehen, Hören, Tasten, Riechen und Schmecken) erleben - *das Territorium*. Was wir tun, ist, die äußeren Umstände zu nehmen und eine innere Darstellung von ihnen zu machen - *die Karte*. Diese innere Landkarte, die von unseren Wahrnehmungen der Außenwelt geprägt ist, ist nie eine exakte Kopie. Mit anderen Worten, das Äußere kann niemals dasselbe sein wie das Innere unseres Geistes. Sie sehen, unsere Sinne, Überzeugungen und vergangenen Erfahrungen bilden mit der Zeit eine Synthese der Welt, in der wir uns bewegen. Aber die Landkarte, auf der wir operieren, kann nie ganz genau sein. *Ich erzähle Ihnen eine Geschichte von mir....*

Eines Tages betrat ich einen kleinen Sandwich-Laden in der Innenstadt und wurde gebeten, ein kurzes Formular über die Qualität, den Service und das Preis-Leistungs-Verhältnis der Produkte auszufüllen. Die beiden Mädchen am Schalter waren offenbar sehr verärgert darüber, dass der Mann vor mir die Umfrage verweigert hatte. Die beiden Verkäuferinnen waren empört und hielten den Kunden für unhöflich, weil er sich nicht einmal eine Minute Zeit nahm, um einige einfache Fragen zu beantworten. Also fragte ich sie, ob sie darüber nachgedacht hätten, wie sich der arme Mann fühlen könnte, wenn er Analphabet wäre und seine Unhöflichkeit aus der Verlegenheit resultieren würde, nicht schreiben zu können. Die Veränderung bei den beiden Mädchen war phänomenal. "*Oh, daran habe ich nicht gedacht*", rief eine aus. Ihre Haltung änderte sich sofort von Wut und Groll zu tiefer Empathie. Sie fühlten sich auch viel besser, weil sie all die negativen Gefühle loslassen konnten, die sie bis zu diesem Moment gehegt hatten.

Anhand dieses Szenarios lässt sich leicht erkennen, dass wir im wirklichen Leben dazu neigen, unsere Annahmen (unsere Realität) auf die Situation zu projizieren, aber die Realität ist vielleicht nicht das, was wir wahrgenommen haben. Die Menschen reagieren nach ihrer Landkarte, denn das ist ihre Realität. Es ist nicht meine Vergangenheit, die mich zu dem macht, was ich bin, sondern wie ich auf sie reagiere. Die Realität ist nicht etwas, das Sie wahrnehmen; sie ist etwas, das Sie in Ihrem Geist erschaffen. In diesem introspektiven und persönlichen Diskurs fordere ich Sie auf, Ausreden, Annahmen und Ängste loszulassen und die Verantwortung dafür zu übernehmen, der Schöpfer Ihrer Realität zu sein.

Die Realität ist also eine Illusion des Geistes. Es ist Ihr mentales Konstrukt, mit dem wir unserem Leben und unserer Identität Sinn und Struktur verleihen. So wird die Illusion der Realität zur Realität im menschlichen Geist, während die Realität, die sie ursprünglich hervorgerufen hat, ganz oder größtenteils ignoriert wird. Alle unsere Erfahrungen - *alle unsere Wahrnehmungen, Empfindungen, Träume, Gedanken und Gefühle* - sind Formen, die im Bewusstsein erscheinen. Das scheint nicht immer so zu sein. Wenn ich einen Baum sehe, scheine ich den Baum direkt zu sehen. Aber die Wissenschaft sagt uns, dass etwas ganz anderes passiert. Das in das Auge einfallende Licht löst in der Netzhaut chemische Reaktionen aus, die elektrochemische Impulse erzeugen, die entlang der Nervenfasern zum Gehirn gelangen. Das Gehirn analysiert dann die empfangenen Daten und erstellt sein eigenes

Bild von dem, was Sie beobachten. Es wäre also technisch korrekter zu sagen: *Ich erlebe, wie ich einen Baum sehe. Was ich tatsächlich erlebe, ist nicht der Baum selbst, sondern das Bild, das in meinem Kopf erscheint.*

Das gilt für alles, was wir erleben. Alles, was wir wissen, wahrnehmen und uns vorstellen, jede Farbe, jeder Klang, jedes Gefühl, jeder Gedanke und jede Empfindung, ist eine Form, die im Geist erscheint. Es ist alles eine Formung des Bewusstseins. Das ist auch der Grund dafür, dass, wenn wir denselben Baum mit einer anderen Person sehen, jede Person ihn anders beschreiben wird. Die Realität ist nicht der Baum, sondern die Art und Weise, wie wir ihn auf der Grundlage unserer Werte, Überzeugungen und Erfahrungen sehen.

Das Gleiche gilt für die Sprache, die wir verwenden, um zu beschreiben, was in uns vorgeht. Die Worte, die wir verwenden, sind vielleicht nicht das Ereignis oder das Objekt, das sie darstellen, sondern eine Annäherung daran. Auch wenn die Worte, die wir zur Beschreibung eines Ereignisses verwenden, so gewählt sind, dass sie es am besten wiedergeben, stellen sie nicht das eigentliche Ereignis dar. Es wird Sie auch interessieren, dass wir eine Situation, die wir nicht in Worte fassen können, auch nicht in unserem Gedächtnis speichern können. Dies wurde wissenschaftlich durch ein Experiment in einem afrikanischen Stamm bewiesen, in dem es kein Wort für die Farbe 'Blau' gibt. Wie sich Jahre später herausstellte, konnten die Dorfbewohner das Ereignis mit dieser Farbe nicht festhalten. Allerdings können sie dank ihres Wortschatzes viele Grüntöne verbal identifizieren und so genau mitteilen (und sich merken), was sie sehen. Dieses Experiment hat also gezeigt, dass unser Geist mit sprachlichen Fähigkeiten ein Bild oder ein Ereignis, das wir nicht verbal erklären können, erweitert, registriert und anders verarbeitet. *Haben Sie schon einmal eine Situation erlebt, die Sie nicht einordnen konnten? Wie sind Ihre Gefühle im Vergleich zu einem anderen Ereignis, das Sie leicht zuordnen können? Bemerken Sie einen Unterschied?*

Die Bilder, die Sie durch den Gebrauch von Sprache in Ihrem Kopf erzeugen, beeinflussen Ihre Gefühle und die Art und Weise, wie Sie auf andere reagieren. Wenn Sie in der Lage sind, Ihre Landkarte zu integrieren, sind Sie in der Lage, Ihre Realität zu gestalten. Wenn Sie mit sich selbst besser zurechtkommen wollen, ist es außerdem wichtig, die Welt zu verstehen, die Sie sich selbst geschaffen haben, und die Objektivität Ihrer Gedanken kritisch zu hinterfragen. Ähnlich verhält es sich, wenn Sie die Landkarte der Ihnen nahestehenden Menschen verstehen, die Dinge mit ihren Augen sehen und mit ihren Ohren hören können. Dann sind Sie auf dem besten Weg, ihr Vertrauen zu gewinnen und die gewünschten Ergebnisse zu erzielen.

Kennen Sie Ihre Realität? Wenn Sie diese Perspektive einfach sehen/hören/fühlen können, haben Sie ein wirklich mächtiges Werkzeug, um Ihre Kommunikation mit sich selbst und anderen Menschen zu modulieren. Es ist an der Zeit, Ihre eigene Landkarte und die der Menschen, deren Realität Ihnen wichtig ist, zu erkunden... Dadurch werden Sie viel souveräner im Umgang mit Emotionen.

KAPITEL 6
DIE ROLLE DES UNBEWUSSTEN

Leben Sie das Leben, das Sie sich immer gewünscht haben? Oder haben Sie sich an eine Situation gewöhnt, in der Sie feststecken? Wenn Sie auf ein Problem gestoßen sind, sich festgefahren fühlen oder wissen, dass Sie Ihr Potenzial nicht voll ausgeschöpft haben, ist es noch nicht zu spät. In diesem Kapitel erfahren Sie, wie Sie Ihren Geist neu programmieren können, um den Fokus und die Entschlossenheit zu gewinnen, Ihr Leben so zu verändern, dass es Ihnen mehr Erfüllung, Freude und Leidenschaft bringt.

Die Realität ist, dass die meisten von uns nur eine vage Vorstellung davon haben, was wir glauben zu verdienen. Wenn das Leben von dem Muster abweicht, das wir für es definiert haben, sind wir oft frustriert und verärgert. "*Warum passiert das mir?*", fragen wir uns. Diese Unzufriedenheit kann mächtig sein; sie kann uns zu Veränderungen anspornen, wahrscheinlich zu denselben, die Sie dazu veranlasst haben, dieses Buch zu kaufen. Aber unser Unterbewusstsein kann gegen uns arbeiten.

Viele von uns wenden ihre Frustration und Verärgerung gegen sich selbst und sabotieren damit jede potenzielle Chance für Veränderungen. Wir beginnen zu glauben, dass wir etwas Besseres verdient haben, und für ein paar Tage arbeiten wir vielleicht sogar härter. Doch anstatt sich beharrlich um eine dauerhafte Veränderung zu bemühen, fallen wir in die alten Muster zurück, von denen wir glauben, dass sie zu uns gehören - in unserer Karriere, in unseren Finanzen, in unseren Beziehungen, in unserer Gesundheit, in unserem allgemeinen Wohlbefinden. *Was wäre, wenn Sie aktiv die Kontrolle übernehmen und lernen würden, Ihre Gedanken neu zu programmieren? Was wäre, wenn Sie Ihre Aufmerksamkeit umlenken könnten, um endlich die Aspekte des Lebens zu ändern, die Sie nicht zufriedenstellen?*

Ihr Unterbewusstsein ist der Schlüssel zum Erfolg - und Sie können es umprogrammieren. Wenn Sie das Leben leben wollen, das Sie sich wünschen, dann ist es an der Zeit, sich zu entscheiden, sich zu verpflichten und zu beschließen. *Es ist nicht das, was wir im Leben tun könnten, was den Unterschied ausmacht* - es ist das, was wir machen werden. Und es gibt keinen besseren Zeitpunkt, um die Kontrolle über Ihre Gedanken zu übernehmen und ab jetzt etwas Besseres anzustreben. Bevor wir uns jedoch ansehen, wie wir an unserem Geist arbeiten können, lassen Sie uns einen Blick darauf werfen, was mit dem *unbewussten* Geist gemeint ist.

Was ist der unbewusste Verstand?

Das Unterbewusstsein ist der Teil unseres Geistes, der Entscheidungen trifft, ohne dass wir aktiv darüber nachdenken. Im Gegensatz dazu versteht der bewusste Verstand die Gedanken, die wir in einem bestimmten Moment haben, und erleichtert es uns, sie zu modulieren. Das Erlernen eines Instruments ist ein klares Beispiel für die Funktionsweise des Unterbewusstseins. Am Anfang müssen Sie sich Gedanken über die Übersetzung der Partitur und die Bewegung Ihrer Finger machen, aber mit der Zeit entdecken Sie, dass Sie jedes beliebige Lied nehmen und es *'natürlich'* spielen können.

Das Unbewusste geht über das Erlernen neuer Fähigkeiten hinaus. Er ist an der Verarbeitung von Informationen beteiligt und beeinflusst alles, was wir denken, sagen und tun. Er speichert unsere Überzeugungen und Werte, bestimmt unsere Erinnerungen und kontrolliert die Informationen um uns herum. Es entscheidet, was an das Bewusstsein gesendet und was darin gespeichert wird. Es beeinflusst jeden Moment unseres Lebens - und die meisten von uns wissen es nicht einmal. *Aber wie lange dauert es, das Unterbewusstsein umzuprogrammieren?* Im Durchschnitt dauert es etwa drei bis vier Wochen - bei manchen kann es aber auch länger dauern. Die Antwort hängt davon ab, wie tief das Verhalten, das Sie ändern möchten, verwurzelt ist und welche einschränkenden Überzeugungen Sie darüber haben. Lassen Sie uns nun einen Blick darauf werfen, wie Sie Ihren Geist so umprogrammieren können, dass ein Denkmuster, eine Fähigkeit oder eine Idee zu einer natürlichen Sache wird.

Wie man das Unterbewusstsein für dauerhafte Veränderungen umprogrammiert

Sie möchten also lernen, wie Sie Ihr Unterbewusstsein umprogrammieren und endlich dauerhafte Veränderungen herbeiführen können?

Im vorigen Absatz haben wir gesehen, was mit dem Unterbewusstsein gemeint ist. Laut Dr. Bruce Lipton *"werden 95 Prozent Ihres Lebens von den automatischen Programmen bestimmt, die im Unterbewusstsein gespeichert sind"*. Per Definition ist Ihr Leben also ein Spiegelbild dessen, was in Ihrem Unterbewusstsein liegt. Mit anderen Worten: Das Unterbewusstsein ist der Sitz all Ihrer Überzeugungen, Denkmuster und Gewohnheiten. Betrachten Sie es so: Raucher rauchen Zigaretten. Läufer laufen. *Aber haben Sie sich jemals gefragt, warum sie das tun?*

Wie können manche Menschen eine Schachtel Zigaretten pro Tag rauchen, während andere jeden Morgen 5 km laufen? Werden sie anders geboren? Haben manche Menschen einfach mehr Willenskraft als andere? Willenskraft spielt zwar eine kleine Rolle, aber der wahre Grund ist, dass es um ihre Identität geht. Wenn Sie ein Raucher sind, rauchen Sie. Raucher haben in ihrem Leben Unmengen von Zigaretten geraucht und es ist Teil ihrer Routine. Im Gegensatz dazu rennen die Läufer. Läufer sind Hunderte oder Tausende von Kilometern gelaufen und das Laufen ist wahrscheinlich Teil ihrer täglichen Routine. Diese beiden Gewohnheiten, ob gut oder schlecht, sind nichts anderes als Programme, die im Unterbewusstsein ablaufen. Sie sind Teil Ihrer Identität und Ihre Identität bestimmt Ihr Leben.

Warum Ihr Selbstbild wichtig ist

Ob Sie sich dessen bewusst sind oder nicht, jeder Mensch hat auf einer unterbewussten Ebene eine "*mentale Kopie*" von sich selbst. Bewusst erkennen Sie es vielleicht gar nicht, aber tief in uns allen steckt es. Das Selbstbild ist Ihre Vorstellung davon, wer Sie zu sein glauben. Diese Reflexion beginnt schon in jungen Jahren, und wenn Sie es zulassen, kann sie Ihr ganzes Leben bestimmen.

Das Problem ist, dass die meisten dieser Überzeugungen unbewusst sind. Sie basieren auf Ihren Triumphen, Misserfolgen, Erfolgen und sogar Demütigungen im Laufe Ihres Lebens. Aus all Ihren vergangenen Erfahrungen erstellt Ihr Gehirn ein Bild von Ihnen auf und arbeitet nach diesen Paradigmen. Alle Ihre Handlungen, Gefühle und Ihr Verhalten werden mit Ihrem Selbstbild übereinstimmen. Mit anderen Worten: Sie verhalten sich genau so, wie Sie glauben, dass Sie es sind. Alles in Ihrem Leben basiert buchstäblich auf Ihrem Selbstbild. Wenn Sie glauben, dass Sie in einem bestimmten Fach wie Mathematik nicht gut sind, wird Ihr Gehirn Verhaltensweisen und Situationen auslösen, die diese Vorstellung bestätigen. Wenn Sie glauben, dass Sie eine Person sind, die man nicht in seiner Nähe haben möchte, wird Ihr Verstand wiederum Möglichkeiten finden, die dies in Ihren Augen wahrzumachen. Glücklicherweise ist es möglich, Ihr Selbstbild ohne positives Denken oder endlose Willenskraft zu verändern. Beide Ansätze beeinflussen den bewussten Verstand, der sich nur mit 5 % Ihres Lebens beschäftigt. Um eine dauerhafte Veränderung herbeizuführen, ist es daher notwendig, Ihr Selbstbild auf einer unterbewussten Ebene neu zu gestalten.

Wie Sie Ihr Unterbewusstsein für dauerhaften Erfolg umprogrammieren

In den folgenden Abschnitten werden Sie vier wirksame Methoden zur Umprogrammierung Ihres Unterbewusstseins entdecken. Es sind extrem leistungsstarke und funktionelle Methoden, die Sie wahrscheinlich noch nicht ausprobiert haben oder von denen Sie noch nicht einmal gehört haben. Ich kann Ihnen jedoch aus Erfahrung sagen, dass Sie, wenn Sie Ihr Unterbewusstsein umprogrammieren können, viel mehr erreichen können, als Sie jemals für möglich gehalten hätten.

1. Aktivieren Sie Ihren Erfolgsmechanismus

"Der sogenannte unbewusste Verstand ist überhaupt kein 'Verstand', sondern ein Mechanismus - ein 'Diener-Mechanismus', der auf ein Ziel ausgerichtet ist, bestehend aus dem Gehirn und dem Nervensystem, das vom Verstand benutzt und gelenkt wird." - Maxwell Maltz

Jeder Mensch verfügt über einen sogenannten *"kreativen Mechanismus"*, der, wenn er richtig eingesetzt wird, zu einem erfolgreichen Mechanismus werden kann. Es wird wissenschaftlich als retikuläres aktivierendes System (oder RAS) bezeichnet. Letzteres kann Ihre Geheimwaffe sein, um das Unterbewusstsein neu zu programmieren und echte Wunder in Ihrem Leben zu erleben. Ihr Erfolgsmechanismus ist unpersönlich und wird Ihnen helfen, die von Ihnen gesetzten Ziele zu erreichen, unabhängig von der Art des Ziels. Wenn Sie ihn mit Erfolgszielen programmieren, wird er als Erfolgsmechanismus funktionieren. Wenn Sie ihm negative Ziele vorgeben, wird er als Versagensmechanismus funktionieren. Es soll Ihnen nicht zu Wohlstand verhelfen, es soll Ihnen helfen, um jeden Preis zu überleben. Ihr Gehirn und Ihr Nervensystem führen Sie ständig in die Richtung des Bildes, an das Sie unbewusst denken. Deshalb ist es wichtig, dass Sie sich auf das konzentrieren, was Sie im Leben wollen, und nicht auf das, was Sie nicht wollen. Verbringen Sie also jeden Tag so viel Zeit wie möglich damit, darüber nachzudenken, was Sie gerne erreichen möchten. Sie können dies auf verschiedene Weise tun:

- Schreiben Sie Ihre Ziele in ein Tagebuch.
- Visualisieren Sie Ihre Ziele und stellen Sie sich vor, wie sie Wirklichkeit werden.
- Verwenden Sie Affirmationen und sprechen Sie über Ihre Ziele, als hätten Sie sie bereits erreicht.

Mit der Zeit können diese Gewohnheiten Ihren Geist auf die Frequenz von Erfolg und Wohlbefinden einstellen. *Der Grund?* Ihr Erfolgsmechanismus kennt nicht den Unterschied zwischen dem, was real ist, und dem, was Sie sich vorstellen. Konzentrieren Sie also 100 Prozent Ihrer Energie auf das, was Sie sich wünschen, und nicht auf das, was Sie befürchten. Mit der Zeit und durch Wiederholung werden Sie Ihre Ziele zum Leben erwecken.

2. Nutzen Sie kreative Visualisierung (hören Sie auf, sich zu sorgen)

Wie der Bestsellerautor Jack Canfield sagte: "*Sich zu sorgen ist nichts anderes als eine negative Zielsetzung*". Wenn Sie Ihre ganze Zeit damit verbringen, sich Gedanken darüberzumachen, was Sie im Leben nicht wollen, senden Sie falsche Signale an Ihren Verstand. Denken Sie daran, dass der Verstand den Unterschied zwischen dem, was real ist, und dem, was man sich vorstellt, nicht kennt. Anstatt sich Sorgen zu machen, sollten Sie die Kraft der Visualisierung zu Ihrem Vorteil nutzen. Die Visualisierung aktiviert die kreativen Kräfte Ihres Unterbewusstseins, indem sie neue neuronale Bahnen schafft. Im Wesentlichen konzentriert sich die kreative Visualisierung darauf, dass Sie sich Ihre Ziele vorstellen und es „*zum Leben erwecken*". Vergessen Sie nicht, dass ständiges Grübeln auch eine Gewohnheit ist. Wenn Sie lernen, sich Sorgen zu machen, können Sie auch lernen, sich keine mehr zu machen.

3. Hypnotherapie (Selbsthypnose oder formelle Hypnotherapie)

Die dritte Möglichkeit, Ihr Unterbewusstsein auf eine dauerhafte Veränderung umzuprogrammieren, ist die Hypnotherapie. Obwohl diese Methode unkonventionell erscheinen mag, ist sie eine der effektivsten Methoden, um tiefgreifende Veränderungen herbeizuführen. *Hier ist der Grund dafür:*

Während der ersten sieben Jahre Ihres Lebens arbeitet Ihr Geist in einer niedrigen Schwingungsfrequenz, die der Hypnose ähnelt. Als Kind ist Ihr Geist wie ein Schwamm und nimmt unkritisch alles auf, was sich aus den Umständen ergibt. Während dieser Zeit werden alle Ihre Überzeugungen abgelegt und in das "*große Schema*" des Unterbewusstseins eingeordnet. Dies geschieht, ob Sie es wollen oder nicht, denn der Verstand ist so verdrahtet, dass er Ihnen hilft, in der Gesellschaft zu überleben, und zu diesem Zweck nimmt er alles auf, was er als nützlich für Ihr Funktionieren erachtet. Jedoch wollen Sie höchstwahrscheinlich nicht mehr alle Glaubenssätze pflegen, die Sie als Kind von anderen erhalten haben. Zum Glück müssen Sie Ihre Vergangenheit nicht als Realität akzeptieren. Mit klinischer Hypnotherapie, Selbsthypnose-Audios und einigen Formen der Meditation können Sie Ihr Gehirn wieder in den Theta-Gehirnwellen-Zustand bringen. Sobald Sie in Hypnose sind, können Sie sich leichter neue Glaubenssätze einprägen, die Ihnen helfen, Ihre Ziele zu erreichen.

Aber Sie können keine dieser Methoden nur einmal anwenden, Sie müssen es immer wieder tun.

4. Wiederholung

Die letzte Möglichkeit, Ihr Unterbewusstsein umzuprogrammieren - und die einfachste - ist die Wiederholung. Sobald sich ein Großteil unserer Identität im Alter von sieben oder acht Jahren herausgebildet hat, beginnen sich Denkmuster, Denkgewohnheiten, auch Paradigmen genannt, zu bilden. Diese werden verstärkt, indem eine bestimmte Handlung oder ein bestimmter Gedanke im Laufe der Zeit immer und immer wieder wiederholt wird. Denken Sie an das Erlernen des Fahrradfahrens oder des Autofahrens. Das alles geschieht durch Wiederholung. Üben Sie, versuchen Sie es erneut und wiederholen Sie es, bis es zu einer unbewussten Bewegung wird, die uns *'natürlich'* vorkommt. Und genau so kann auch das Unbewusste durch ständige Wiederholung "neu verdrahtet" werden. Deshalb ist es so wichtig, dass Sie Ihre Ziele regelmäßig bekräftigen oder sich vorstellen, wie Sie sie erreichen. Wiederholung ist der Schlüssel zur Beherrschung Ihres Geistes und zur Schaffung Ihrer neuen Identität.

Heute beginnen

Das Leben ist zu kurz, um nach Ihrem bisherigen Glaubenssystem zu leben. Nur weil Sie diese Überzeugungen als Kind vermittelt bekommen haben, heißt das nicht, dass Sie für den Rest Ihres Lebens nach ihnen handeln müssen. Es ist an der Zeit, Ihre alten Glaubenssätze zu überprüfen und diejenigen aufzugeben, die Ihnen nicht mehr dienen. Das ist ganz einfach: Beobachten Sie einfach Ihr Leben. Wenn es einen Aspekt Ihres Lebens gibt, mit dem Sie unzufrieden sind, oder Sie ein "Muster" erkennen, ist das ein Zeichen dafür, dass in Ihrem Geist dysfunktionale Denkmuster existieren. Durch Wiederholung und die oben genannten Methoden können Sie Ihr Unterbewusstsein umprogrammieren, um eine neue Identität zu schaffen, die der Erreichung Ihrer Ziele dient. Dadurch wird sichergestellt, dass 95-99 % des Tages Ihre Überzeugungen Ihnen '*natürlich*' helfen, das zu erreichen, was Sie anstreben. Denken Sie daran, dass niemand diese Arbeit für Sie erledigen wird. Erfolg ist eine innere Angelegenheit. Alles beginnt mit Ihrem Wunsch, sich zum Besseren zu verändern!

FAZIT

Liebe Leserin, lieber Leser unser literarisches Abenteuer ist zu Ende. Das Schreiben des Buches, das Sie in den Händen halten, war eine wunderbare Gelegenheit, mich selbst herauszufordern und mein Herz für oft nur interne Überlegungen zu öffnen. Im Laufe der Jahre habe ich alles mit Bleistift in meinen Notizbüchern notiert, zu eingeschüchtert von der Vorstellung, meine Eindrücke von der Verbesserung des Lebens einer breiten Leserschaft zu offenbaren. Endlich hatte ich den Mut und hier bin ich. Zu Beginn dieses Projekts reiste ich durch Italien und Europa auf der Suche nach den richtigen Worten, um die Grundlagen der Psychologie und des persönlichen Wachstums zu vermitteln. Die Hymne der Unvollkommenheit erzeugt schließlich eine süße und sanfte Musik, die es wert ist, von so vielen Ohren wie möglich gehört zu werden. Ich hoffe, dass mein Beitrag Sie neugierig gemacht, unterhalten und informiert hat, und dass, Sie auf den vorangegangenen Seiten einige nützliche Werkzeuge entdeckt haben, mit denen Sie die existenziellen Fragmente Ihres Lebens zusammensetzen können, die Sie einzigartig und unnachahmlich machen. Versuchen Sie nicht vorschnell Ihre Wunden zu lindern. Lernen Sie stattdessen, die schmerzhaften Erfahrungen der Vergangenheit anzunehmen und sich darauf zu konzentrieren, was Sie heute machen können, um sie in der Zukunft nicht wieder zu erleben. Sie kommen nie wirklich an Ihrem Ziel an, aber das ist das Geheimnis eines erfüllten und aufregenden Lebens: die Freude an der Reise. Falls dem so ist, und dieses Buch Sie auf Ihrer Reise unterstützt hat, würde ich ein ehrliches Feedback auf Amazon sehr zu schätzen wissen, damit ich wachse und meine Botschaft an so viele Menschen wie möglich weitergeben kann. Es bleibt mir nur noch, Ihnen ein gutes Leben voller Freude und Zufriedenheit zu wünschen.

Mit freundlichen Grüßen

George Cure

Printed in Poland
by Amazon Fulfillment
Poland Sp. z o.o., Wrocław